POSICIONAMENTO

A Batalha por sua Mente

CB137469

POSICIONAMENTO

A Batalha por sua Mente

Al Ries • Jack Trout

ALTA BOOKS
GRUPO EDITORIAL
Rio de Janeiro, 2023

Dados de Catalogação na Publicação

RIES, Al & TROUT, Jack
Posicionamento: a Batalha por sua Mente
2009 – São Paulo – M.Books do Brasil Ltda.

1. Marketing 2. Estratégia 3. Administração

ISBN: 978-85-508-2357-7

Do original: Positioning: The Battle for Your Mind
© 2001 Original em inglês publicado por The McGraw-Hill Companies.
© 2009 M.Books do Brasil Editora Ltda.
Todos os direitos reservados. Proibida a reprodução total ou parcial.
Os infratores serão punidos na forma da lei.

EDITOR: MILTON MIRA DE ASSUMPÇÃO FILHO

Tradução: Eliane Fittipaldi Pereira

Produção Editorial: Beatriz Simões Araújo

Coordenação Gráfica: Silas Camargo

Capa e Editoração: Crontec

Editora
afiliada à:

ALTA BOOKS
GRUPO EDITORIAL

Rua Viúva Cláudio, 291 – Bairro Industrial do Jacaré
CEP: 20.970-031 – Rio de Janeiro (RJ)
Tels.: (21) 3278-8069 / 3278-8419
www.altabooks.com.br – altabooks@altabooks.com.br
Ouvidoria: ouvidoria@altabooks.com.br

abdr
ASSOCIAÇÃO BRASILEIRA DE DIREITOS REPROGRÁFICOS

ASSOCIADO CBL Câmara Brasileira do Livro

Dedicado à segunda melhor agência de publicidade do mundo.

Seja ela qual for.

Sumário

NOVO PREFÁCIO AO CLÁSSICO DO MARKETING

Durante anos, todos nós da área de marketing ensinamos nossos alunos a montar um plano de marketing em torno dos "quatro Pês" — Produto, Preço, Ponto de venda e Promoção.

Mas, alguns anos atrás, comecei a perceber que alguns passos importantes deveriam preceder os quatro Pês. Todo bom planejamento de marketing deve começar com o P de Pesquisa, antes que os outros quatro Pês sejam determinados.

A Pesquisa revela, entre outras coisas, que os clientes diferem muito quanto a suas necessidades, percepções e preferências. Portanto, eles devem ser classificados em S de Segmentos.

A maior parte das empresas não consegue atender a todos os segmentos. Uma empresa deve escolher aquele a que é capaz atender com excelência. Isso é F de Foco.

Mas ainda há outro passo antes que o planejamento dos quatro Pês possa ocorrer. Há mais um P, de Posicionamento. Esse é o conceito revolucionário que Al Ries e Jack Trout apresentaram em seu livro *Posicionamento*, hoje um clássico.

Posicionamento é uma idéia revolucionária precisamente porque atravessa os outros quatro Pês. Ele fornece informações a cada um dos quatro Pês e lhes dá consistência. Desde a série de artigos escritos a esse respeito, denominada *Advertising Age* (*A Era da Publicidade*) e publicada em 1972 pelos dois autores deste livro, a disciplina de marketing nunca mais foi a mesma.

O posicionamento pode afetar o produto. A decisão consciente da Volvo de colocar dispositivos de segurança em seus produtos estabeleceu a extraordinariamente bem-sucedida posição de "segurança" dessa marca. Nesse processo, a pequena empresa sueca tornou-se uma das mais poderosas marcas de automóveis do mundo (e exigiu um preço muito alto quando foi comprada pela Ford).

O posicionamento pode afetar o preço do produto. A decisão também consciente da Häagen-Dazs de lançar uma linha de sorvetes mais cara obteve a posição *premium* de sorvetes para a marca que se tornou um dos sucessos de marketing mais duradouros das últimas décadas (o que a Häagen-Dazs fez no segmento de luxo, marcas como a Wal-Mart e Southwest Airlines fizeram no segmento mais popular).

O posicionamento pode afetar o local em que o produto é vendido. Hanes, a marca de meias-calças líder dos supermercados, desenvolveu um produto para ser distribuído especificamente nesses canais. A marca foi denominada *L'eggs*[1] e foi embrulhada em uma embalagem em formato de ovo. A posição adotada, de meia-calça de "supermercado", tornou a marca L'eggs um enorme sucesso e, no fim das contas, a que mais vende meias-calças nos Estados Unidos.

O posicionamento pode afetar a promoção do produto. A Little Caesars tornou-se uma forte marca de pizza elevando sua promoção de "duas pelo preço de uma" para uma estratégia de posicionamento. Seu refrão "pizza, pizza" tornou-se um dos programas de publicidade mais memoráveis que já existiram e transformou a Little Caesars na cadeia de pizzarias de maior crescimento.

Depois, como se sabe, a Little Caesars abandonou sua estratégia de "duas por uma" e as vendas desabaram, o que demonstra não apenas o poder do posicionamento, mas também a dificuldade de se mudar uma posição depois que ela foi estabelecida.

O marketing não é uma disciplina estática. É uma disciplina que muda constantemente, e o posicionamento é uma dessas mudanças revolucionárias que mantêm a área de marketing viva, interessante, excitante e fascinante.

Quando você ler este livro proveitoso, descobrirá que o posicionamento, hoje, não apenas se encontra vivo e saudável, mas que é também uma poderosa ferramenta para se criar e manter a diferenciação no mercado.

Philip Kotler, Ph.D.
Kellog Graduate School of Management
Northwestern University

[1] *L'eggs* é um trocadilho em que a palavra inglesa *eggs* (ovos) é acompanhada pelo artigo definido masculino *l'* (o, em francês). A palavra significa "os ovos" e, ao mesmo tempo, "pernas", pela associação fonética com a palavra inglesa *legs*.

INTRODUÇÃO

"O que temos aqui é uma falha de comunicação".

Com que freqüência você já ouviu essa banalidade? "A falha de comunicação" é a causa mais simples, mais comum e mais universal que as pessoas atribuem a seus problemas.

Problemas de negócios, problemas de governo, problemas de mão-de-obra e problemas de casamento.

Se apenas as pessoas dedicassem algum tempo para comunicar seus sentimentos e explicar suas razões, é bem provável que muitos dos problemas do mundo de algum modo se resolveriam. As pessoas parecem acreditar que qualquer problema pode ser resolvido se as pessoas se sentarem e conversarem.

Mas isso é improvável.

Hoje, o problema é a própria comunicação. Nós nos tornamos a primeira sociedade supercomunicativa do mundo. Todos os anos, enviamos mais e recebemos menos.

Uma nova abordagem de comunicação

Este livro trata de uma nova abordagem de comunicação denominada *posicionamento*. E a maior parte dos exemplos advém da mais difícil de todas as formas de comunicação: a publicidade. Uma forma de comunicação que, do ponto de vista do receptor, não é muito bem-aceita. A publicidade é, para a maioria das pessoas, indesejada e malquista. E, em alguns casos, é inteiramente detestada.

Para muitos intelectuais, publicidade significa vender a alma às corporações norte-americanas – assunto esse que não merece estudo sério.

Apesar de sua reputação, ou talvez por causa dela, a área da publicidade é um maravilhoso campo de teste para as teorias da comunicação. Se algo funciona na publicidade, certamente também funciona na política, na religião ou em qualquer outra atividade que requeira comunicação de massa.

Portanto, os exemplos deste livro poderiam muito bem ter sido extraídos da política, da guerra, dos negócios ou até mesmo da ciência de seduzir o sexo oposto. Ou de qualquer forma de atividade humana que envolvesse influenciar a mente das outras pessoas. Não importa se você quer promover um carro, um refrigerante, um computador, um candidato ou sua própria carreira.

Posicionamento é um conceito que vem mudando a natureza da publicidade, um conceito tão simples que as pessoas têm dificuldade de compreender o seu poder.

Todo político bem-sucedido pratica o posicionamento. Assim também o fazem a Procter & Gamble e a Johnson & Johnson.

Definição de posicionamento

O posicionamento começa com um produto. Uma mercadoria, um serviço, uma empresa, uma instituição ou até mesmo uma pessoa. Talvez você mesmo.

Mas posicionamento não é o que você faz com um produto. Posicionamento é o que você faz com a mente de seu potencial cliente. Ou seja, você posiciona o produto na mente do potencial consumidor.

Portanto, é incorreto chamar esse conceito de "posicionamento de produto". Na verdade, você não está fazendo nada para o produto em si.

Não que o posicionamento não envolva mudança. Ele freqüentemente a envolve. Mas as mudanças que se fazem no nome, no preço e na embalagem não são realmente mudanças feitas no produto. Elas são basicamente mudanças cosméticas, feitas com o propósito de garantir uma posição valiosa na mente do potencial cliente.

Posicionamento é o primeiro sistema de pensamento que dá conta da dificuldade de se fazer ouvir em nossa sociedade supercomunicativa.

Como o posicionamento começou

Se uma palavra marcou a trajetória da publicidade na década passada, essa palavra foi posicionamento.

Posicionamento tornou-se uma palavra-chave para a publicidade, para as vendas e para as pessoas de marketing. Isso não apenas nos Estados Unidos, mas em todo o mundo. Professores, políticos e colunistas estão utilizando essa palavra.

Muitas pessoas acham que o posicionamento começou em 1972, quando escrevemos uma série de artigos intitulada "A Era do Posicionamento" para a revista especializada *Advertising Age* (*A Era da Publicidade*).

Desde então, já fizemos mais de mil palestras a respeito de posicionamento para grupos de publicitários em 21 países. E já distribuímos mais de 150 mil cópias de nosso "livrinho cor de laranja" que reproduz os artigos de *Advertising Age*.

O posicionamento mudou o modo como o jogo da publicidade está sendo jogado atualmente.

"Somos o terceiro maior vendedor de café nos Estados Unidos", dizem os comerciais de rádio da Sanka.

O terceiro maior? E o que aconteceu com aquelas boas e velhas palavras da publicidade como "primeiro", "melhor" e "excelente"?

Bem, os bons e velhos tempos da publicidade se foram para sempre e, com eles, aquelas palavras. Hoje você encontra comparativos, e não superlativos.

"A Avis é apenas a número dois entre as locadoras de automóveis; portanto, por que ir conosco? Porque nos esforçamos mais."

"Seven-up: a que não é cola."

Ao longo da Madison Avenue, esses são chamados slogans de posicionamento. E os publicitários que os redigem gastam tempo e dinheiro de pesquisa procurando posições, ou lacunas, no mercado.

Mas o posicionamento despertou interesse muito além da Madison Avenue. E com boas razões.

Qualquer pessoa pode utilizar a estratégia de posicionamento para avançar no jogo da vida. Veja as coisas da seguinte maneira: se você não entende e não utiliza os princípios do posicionamento, seus concorrentes os utilizarão.

capítulo 1

O QUE É POSICIONAMENTO

Como é que um conceito tão difícil de vender como posicionamento tornou-se tão popular em um negócio que é marcado pela criatividade?

Na verdade, a última década pode muito bem ser caracterizada como uma "volta à realidade". Cavaleiros de armadura branca e tapa-olhos negros deram lugar a conceitos de posicionamento como "Lite Beer from Miller[1]. Tudo o que você sempre quis de uma cerveja. E ainda menos".

Poético? Sim. Criativo? Sim. Mas também uma explicação direta, clara e bem definida de uma premissa básica de posicionamento.

Para ter sucesso atualmente, você precisa ter os pés bem plantados no chão. E a única realidade que conta é aquela que já está na mente de seu potencial cliente.

Ser criativo e criar algo que ainda não existe na mente das pessoas está se tornando cada vez mais difícil. Se não impossível.

A abordagem básica do posicionamento não é criar algo novo e diferente, mas manipular aquilo que já está dentro da mente, reatar as conexões que já existem.

O mercado de hoje já não reage mais às estratégias que deram certo no passado. Há produtos demais, empresas demais e barulho de marketing demais.

---

[1] Cerveja leve da Miller.

A pergunta que os céticos em relação ao posicionamento fazem com mais freqüência é: "por quê?". Por que precisamos de uma nova abordagem para a publicidade e o marketing?

A sociedade supercomunicativa

A resposta é que nos tornamos uma sociedade que se comunica em excesso. O consumo *per capita* da publicidade nos Estados Unidos é hoje de 376,62 dólares por ano (em comparação com 16,87 dólares no resto do mundo).

Se você gasta um milhão de dólares com publicidade, está bombardeando o consumidor comum com menos de meio centavo de dólar de publicidade distribuído em 365 dias – consumidor esse que já está exposto a 376,62 dólares em outros tipos de publicidade.

Em nossa sociedade supercomunicativa, falar a respeito do "impacto" de sua publicidade é superestimar a eficácia potencial de sua mensagem. A publicidade não é nenhuma marreta. Ela é mais como uma neblina muito leve que envolve seus potenciais clientes.

Na selva de comunicação que existe lá fora, a única esperança de marcar altos pontos é ser seletivo, concentrar-se em metas bem definidas, praticar a segmentação. Em uma palavra, "posicionamento".

Para defender-se do volume atual de comunicação, a mente filtra e rejeita muita informação que lhe é oferecida. Em geral, ela aceita apenas aquilo que coincide com o seu conhecimento ou experiência anterior.

Milhões de dólares têm sido desperdiçados na tentativa de se mudar a mente das pessoas com a publicidade. Mas quando a cabeça está feita, é quase impossível mudá-la. Ainda mais com um poder tão fraco como o da publicidade. "Não me confunda com fatos, minha cabeça já está feita." Esse é o modo de vida da maioria das pessoas.

A pessoa comum fica quieta quando lhe dizem algo que ela ignora (é por isso que as "notícias" constituem uma abordagem de publicidade eficaz). Mas a pessoa comum não admite que lhe digam que está errada. Tentar mudar sua mente é garantia de desastre na publicidade.

A mente supersimplificada

A única defesa que uma pessoa pode ter em nossa sociedade supercomunicativa é ter uma mente supersimplificada.

A única maneira de colocarem mais coisas em nossa mente é contrariar a lei da natureza que nos oferece 24 horas por dia.

A mente comum já é uma esponja encharcada que somente consegue absorver mais informação se ficar livre da que a está saturando. Entretanto, continuamos a despejar mais informações nessa esponja supersaturada e ficamos desapontados quando nossas mensagens não passam adiante.

É claro que a publicidade é apenas a ponta do iceberg da comunicação. Nós nos comunicamos de várias maneiras espantosas. E em um volume que aumenta em progressão geométrica.

O meio pode não ser a mensagem, mas ele a afeta seriamente. Em vez de atuar como modo de transmissão, ele atua como filtro. Apenas uma minúscula fração do material original acaba indo parar na mente do receptor.

Além do mais, o que recebemos é influenciado pela natureza de nossa sociedade supercomunicativa. As "generalidades brilhantes" tornaram-se um modo de vida nessa sociedade. Nós supersimplificamos porque essa é a única maneira de dar conta das coisas.

Tecnicamente, somos capazes de aumentar o volume da comunicação pelo menos dez vezes. É o que está ocorrendo com a transmissão de televisão via satélite. Todas as casas podem ter cem canais ou mais à sua escolha.

A Philips norte-americana já apresentou um CD de nove centímetros capaz de conter 600 megabytes de dados, mais do que o suficiente para armazenar toda a *Enciclopédia Britânica*.

Impressionante. Mas quem é que está trabalhando em um CD para a mente? Quem está tentando ajudar o potencial cliente a enfrentar essa complexidade tão pesada para a mente que a reação normal à atual riqueza de informações é apertar a válvula de entrada e deixar passar cada vez menos do que está disponível? O problema de comunicação é a própria comunicação.

A mensagem supersimplificada

A melhor saída para agüentarmos nossa sociedade supercomunicativa é a mensagem supersimplificada.

Na comunicação, assim como na arquitetura, menos é mais. Você tem de afiar sua mensagem para que ela penetre na mente. Tem de eliminar as ambigüidades, simplificar a mensagem e depois simplificá-la um pouco mais, se quiser causar uma impressão duradoura.

As pessoas que dependem da comunicação para viver conhecem a necessidade de supersimplificação.

Digamos que você tenha uma reunião com um político que está tentando se eleger. Nos primeiros cinco minutos de conversa, você vai aprender mais a respeito desse seu produto político do que o eleitor médio vai aprender a respeito dele nos próximos cinco anos.

Como pouquíssimo material sobre seu candidato acabará entrando na mente do eleitor, seu trabalho não consistirá realmente em um "projeto" de comunicação, no sentido comum da palavra.

Esse será um projeto de seleção. Você terá de selecionar o material que tem a melhor chance de atingir o objetivo.

O inimigo que está impedindo suas mensagens de alcançar o objetivo é o volume de comunicação. Apenas quando você apreciar a natureza do problema, será capaz de entender sua solução.

Quando você quiser comunicar as vantagens de um candidato político, ou de um produto, ou até mesmo suas próprias vantagens, precisará virar as coisas do avesso.

Não busque a solução para o seu problema no produto, nem tampouco em sua mente.

Procure a solução na mente do seu potencial cliente.

Em outras palavras, já que muito pouco de sua mensagem vai passar adiante de qualquer maneira, você deve ignorar a emissão e a recepção. Deve concentrar-se nas percepções do seu potencial cliente e não na realidade do produto.

"Na política", diz John Lindsay, "a percepção é a realidade". Assim também na publicidade, nos negócios e na vida.

Mas e quanto à verdade? E quanto aos fatos da situação?

O que é a verdade? O que é a realidade objetiva? Todo ser humano parece acreditar intuitivamente que só ele possui a chave da verdade universal. Quando falamos em verdade, de que verdade estamos falando? Da perspectiva de dentro ou de fora?

Isso realmente faz diferença. Como se dizia em outras épocas, "o cliente tem sempre razão". E, por extensão, o vendedor ou o comunicador está sempre errado.

Pode ser cínico aceitar a premissa de que o emissor está errado e o receptor está certo. Mas você não tem escolha. Não, se quiser que outra mente humana aceite sua mensagem.

Além do mais, quem disse que a visão de dentro para fora é mais nítida do que a visão de fora para dentro?

Ao inverter o processo, ao enfocar mais o potencial cliente do que o produto, você simplifica o processo de seleção. E também aprende os princípios e os conceitos que podem aumentar enormemente a eficácia de sua comunicação.

capítulo 2

O ASSALTO À MENTE

Como nação, os Estados Unidos se apaixonaram pelo conceito de "comunicação" (em algumas escolas do primeiro e do segundo grau, "mostrar e contar" agora se chama "comunicação"). Nem sempre conseguimos avaliar os danos causados pelo excesso de comunicação em nossa sociedade.

Na comunicação, menos é mais. O uso extravagante que fazemos da comunicação para resolver uma infinidade de problemas empresariais e sociais entupiu de tal forma os nossos canais que apenas uma fração minúscula de todas as mensagens realmente passa adiante. E não necessariamente a mais importante.

O engarrafamento na transmissão

Considere a publicidade, por exemplo. Com apenas 6% da população mundial, os Estados Unidos consomem 57% da publicidade que se faz em todo o mundo (e você achava que o nosso uso de energia era extravagante; na verdade, consumimos apenas 33% da energia mundial).

A publicidade, obviamente, é apenas um pequeno canal no rio da comunicação.

Pense nos livros. Todos os anos, publicam-se aproximadamente 30 mil livros nos Estados Unidos. Mais 30 mil livros a cada ano. Até que não parece muito, a não ser quando você pensa que, para dar conta da produção de um ano, teria de ler 24 horas por dia durante 17 anos.

Assim, quem é que consegue estar atualizado?

Veja também o caso dos jornais. Em cada ano, os jornais americanos utilizam mais de dez milhões de toneladas de papel impresso. Isso significa que a pessoa comum consome 42,5 kg de mensagens impressas por ano.

Não é possível que a pessoa comum consiga digerir toda essa informação. A edição dominical de um grande jornal metropolitano como *The New York Times* pesa cerca de 2 Kg e contém aproximadamente 500 mil palavras. Ler tudo isso, a uma velocidade média de 300 palavras por minuto, levaria quase 28 horas. Isso não apenas pode acabar com o seu domingo, mas também com uma boa parte do resto da semana.

Quanto será que se assimila disso tudo?

Veja o caso da televisão. Uma mídia que ainda nem completou 35 anos. Poderosa e abrangente, ela não substitui o rádio, nem os jornais, nem as revistas. Cada uma das três mídias mais antigas é hoje maior e mais forte do que nunca.

A televisão é uma mídia adicional. E a quantidade de comunicação que ela acrescenta é impressionante.

Noventa e oito por cento de todas as casas nos Estados Unidos têm pelo menos um aparelho de televisão (um terço tem dois ou mais).

Noventa e seis por cento de todos esses aparelhos recebem quatro ou mais canais (um terço pode receber dez ou mais).

A família norte-americana média assiste à televisão mais de 7 horas por dia (mais de 51 horas por semana).

Como ocorre com o cinema, a imagem da TV é uma imagem parada que muda 30 vezes por segundo. Isso significa que a família americana média está exposta a umas 750 mil imagens televisivas por dia.

E não estamos nos abarrotando apenas de imagens; também estamos nos abarrotando de papel. Veja aquela máquina Xerox ali no corredor. As empresas dos Estados Unidos processam 1,4 trilhão de páginas por ano. Isso significa 5,6 bilhões a cada dia útil.

Nos corredores do Pentágono, as máquinas copiadoras processam 350 mil páginas por dia para ser distribuídas no Departamento de Defesa. Isso equivale a mil romances de bom tamanho.

O Marechal de Campo Montgomery já dizia: "A Segunda Grande Guerra terminará quando as nações em luta ficarem sem papel".

E quanto à embalagem? Um pacote de 230 g de cereal *Total* para o café-da-manhã apresenta, na caixa, um texto com 1.268 palavras. E mais a oferta de um livreto grátis a respeito de nutrição (que contém outras 3.200 palavras).

O assalto à mente ocorre de várias maneiras. O Congresso dos Estados Unidos aprova aproximadamente 500 leis por anos (o que já é bastante ruim), mas as agências de regulamentação promulgam cerca de dez mil novas disposições e regulamentos no mesmo período.

E as agências regulatórias também não economizam palavras. Considere o seguinte: o Pai Nosso contém 56 palavras; o discurso de Gettysburg, 226; os Dez Mandamentos, 297; a Declaração de Independência, 300; e um recente decreto do governo que estabelece o preço do repolho contém 26.911 palavras.

No âmbito estadual, mais de 250 mil decretos são promulgados a cada ano. Imaginem isso: 25 mil entram no legislativo e desaparecem para sempre nos labirintos da lei.

A ignorância da lei não é desculpa. A ignorância dos legisladores, aparentemente, sim. Nossos legisladores continuam criando milhares de leis que você não consegue acompanhar. E mesmo que conseguisse, não seria capaz se lembrar como uma lei difere de um de nossos 50 estados para outro.

Quem é que lê, vê ou escuta toda essa torrente de comunicação?

Há um congestionamento no pedágio da mente. Os motores estão se aquecendo. E os humores também.

George Bush, Ted Kennedy e a Chevrolet

O que você sabe a respeito de George Bush? A maioria das pessoas sabe apenas três coisas: (1) ele é simpático; (2) nasceu no Texas; (3) é o Vice-Presidente dos Estados Unidos.

Isso não é muito para alguém que está passando boa parte de sua vida adulta no serviço público. Mas pode ser o suficiente para eleger o Sr. Bush Presidente dos Estados Unidos em 1988.

Na verdade, muitas pessoas não conhecem o Sr. Bush tão bem quanto você pensa. Uma pesquisa da revista *People* mostrou que 44% dos clientes de supermercados não sabiam quem era o Sr. George Bush, embora ele tenha sido o Vice-Presidente por quatro anos.

Mas 93% das pessoas conheciam Mr. Clean, o gênio da garrafa de um produto de limpeza com o mesmo nome da Procter & Gamble. Essas pessoas reconheceram Mr. Clean, embora ele não apareça mais na televisão há dez anos, o que demonstra o poder da publicidade para registrar uma mensagem simples.

O que você sabe a respeito de Ted Kennedy? Provavelmente, muito mais do que sabe a respeito de George Bush. E provavelmente o bastante para impedi-lo de ser o próximo Presidente dos Estados Unidos.

Na melhor das hipóteses, a comunicação em uma sociedade supercomunicativa é difícil. Na maior parte dos casos, você estará bem melhor se não houver nenhuma comunicação. Pelo menos, até estar pronto para posicionar-se em longo prazo. Você nunca tem uma segunda chance de causar uma boa primeira impressão.

O que os seguintes nomes representam para você: Camaro, Cavalier, Celebrity, Chevette, Citation, Corvette e Monte Carlo?

Nomes de modelos de automóveis, certo? Você ficaria surpreso se soubesse que todos esses modelos são da Chevrolet?

A Chevrolet é uma das marcas mais anunciadas no mundo. Há poucos anos, a General Motors gastou mais de 178 milhões de dólares para promover a Chevrolet nos Estados Unidos. Isso significa 487 mil dólares por dia e 20 mil dólares por hora.

O que você sabe a respeito do Chevrolet? A respeito dos motores, dos sistemas de transmissão, dos pneus dessa marca? A respeito dos bancos, dos estofados, da direção?

Seja honesto. Com quantos modelos da Chevrolet você está familiarizado? E você conhece as diferenças que há entre eles? É complicado, não é?

A única resposta aos problemas de uma sociedade supercomunicativa é a resposta do posicionamento. Para atravessar o congestionamento que há na mente do seu potencial cliente, você tem de usar as técnicas da Madison Avenue.

Quase 50% dos empregos nos Estados Unidos podem ser classificados como ocupações relacionadas à informação. Cada vez mais pessoas tentam enfrentar os problemas de nossa sociedade supercomunicativa.

Quer tenha, quer não tenha, um emprego relacionado à informação, você pode tirar proveito das lições da Madison Avenue. Em casa ou no escritório.

A explosão da mídia

Outra razão pela qual suas mensagens vivem se perdendo é o número de mídias que inventamos para atender às nossas necessidades de comunicação.

Há a televisão. A TV aberta, a TV cabo e a TV paga.

Há o rádio. AM e FM.

Há os *outdoors*. Os pôsteres e os cartazes.

Há os jornais. Matutinos, vespertinos, diários, semanais e dominicais.

Há as revistas. Revistas de massa, técnicas, especializadas, de negócios, de comércio.

E, naturalmente, os ônibus, caminhões, automóveis, metrôs e táxis. De modo geral, hoje, tudo aquilo que se mexe carrega uma "mensagem do patrocinador".

Até mesmo o corpo humano tornou-se um cartaz ambulante para a Adidas, a Gucci, a Benetton e a Gloria Vanderbilt.

Considere mais uma vez a publicidade. Logo após a Segunda Guerra Mundial, o consumo *per capita* de publicidade nos Estados Unidos era de 25 dólares por ano. Hoje, ele é 15 vezes maior (a inflação é responsável por parte desse aumento, mas o volume também aumentou substancialmente).

Mas será que você sabe 15 vezes mais a respeito dos produtos que compra? Você pode estar exposto a muito mais publicidade, mas sua mente não consegue absorver mais do que já costumava absorver. Há um limite para a quantidade que você consegue agüentar, e a publicidade, mesmo a 25 dólares por ano, já ultrapassou esse limite. Esse armazém que fica em cima do seu pescoço somente consegue absorver determinada quantidade.

A 376 dólares por pessoa, o consumidor norte-americano médio já está exposto a duas vezes mais publicidade por ano do que o canadense. Quatro vezes mais que o inglês. E cinco vezes mais que o francês.

Embora ninguém duvide da capacidade financeira do anunciante para fazer a oferta, há algumas dúvidas a respeito da capacidade mental do consumidor de assimilar tudo.

Todos os dias, milhares de mensagens publicitárias competem por uma parcela da mente do consumidor. E não se engane: a mente é o campo de batalha. A batalha da publicidade ocorre em 15 cm de massa cinzenta. E essa batalha é dura: nela, vale tudo e não há misericórdia.

A publicidade é um negócio brutal em que os erros podem custar caro. Mas, com base nas batalhas publicitárias, desenvolveram-se princípios para ajudá-lo a dar conta de nossa sociedade supercomunicativa.

A explosão dos produtos

Outra razão pela qual nossas mensagens acabam se perdendo é o número de produtos que inventamos para cuidar de nossas necessidades físicas e mentais.

Veja o que ocorre com a alimentação, por exemplo. O supermercado comum, nos Estados Unidos, expõe cerca de 12 mil produtos ou marcas. Não há alívio para os olhos do consumidor. De fato, a explosão de produtos pode piorar. Na Europa, estão sendo construídos supersupermercados (chamados hipermercados) com espaço para mais produtos ainda. O Biggs, em Cincinnati, primeiro hipermercado nos Estados Unidos, estoca 60 mil produtos.

Obviamente, a indústria de produtos embalados espera que a proliferação continue. Aquelas pequenas barras impressas nas laterais da maior parte das embalagens, o Código Universal do Produto, contêm dez dígitos (enquanto o número do seu seguro social contém apenas nove – e esse sistema está projetado para lidar com mais 200 milhões de pessoas).

A mesma situação ocorre na indústria. O Thomas Register[1], por exemplo, enumera 80 mil empresas. Há 292 fabricantes de bombas centrífugas e 326 montadores de controles eletrônicos, só para mencionar duas categorias ao acaso.

Há meio milhão de marcas ativas registradas no Escritório de Patentes dos Estados Unidos. E 25 mil novas marcas são acrescentadas a cada ano (centenas de milhares de produtos também são vendidos sem marca registrada).

Em um ano típico, as 1.500 empresas inscritas na Bolsa de Valores de Nova York apresentam mais de cinco mil novos produtos "significativos". Presume-se, então, que o número de produtos insignificantes seja muito maior que esse. Para não mencionar os milhões de produtos e serviços comercializados pelos outros cinco milhões de corporações nos Estados Unidos.

Agora, pense nos medicamentos. Aproximadamente cem mil medicamentos são receitados no mercado estadunidense. Embora muitos deles sejam específicos e utilizados quase exclusivamente por médicos especialistas, ainda assim o clínico geral tem um trabalho hercúleo para manter-se informado a respeito da infinidade de drogas disponíveis.

Hercúleo? Não, impossível. O próprio Hércules só conseguiria lembrar-se de uma pequena fração desses medicamentos. Esperar mais do que isso é ignorar os limites de capacidade até mesmo das mentes mais brilhantes.

[1] O Thomas Register (Registro Thomas), publicado pela primeira vez em 1898 por Harvey Mark Thomas, é um diretório que contém informações relativas a produtos industrializados. Ele engloba 650 mil distribuidores, fabricantes e empresas de serviço em mais de 67 mil categorias.

E como é que a pessoa comum lida com as explosões dos produtos e da mídia? Não muito bem. Estudos sobre a sensibilidade do cérebro humano estabeleceram a existência de um fenômeno chamado "sobrecarga sensorial".

Os cientistas descobriram que uma pessoa é capaz de receber apenas uma quantidade limitada de sensações. Além de certo ponto, o cérebro tem um branco e se recusa a funcionar normalmente (os dentistas andam brincando com algumas dessas descobertas; eles colocam fones de ouvido nos pacientes e aumentam o nível do som até que o paciente não sinta mais dor).

A explosão da publicidade

Ironicamente, conforme a eficácia da publicidade diminui, sua utilização aumenta. Não apenas em volume, mas em número de usuários.

Médicos, advogados, dentistas e contadores estão começando a perder o medo da publicidade. Até mesmo instituições como igrejas, hospitais e o governo começaram a fazer publicidade (há poucos anos, o governo dos Estados Unidos gastou 228.857.200 dólares em publicidade).

Os profissionais liberais costumavam considerar que a publicidade estava aquém de sua dignidade. Mas, à medida que a competição esquenta, advogados, dentistas, oculistas, contadores e arquitetos começam a se promover.

A empresa de advocacia Hyatt Legal Services, com sede em Cleveland, gasta 4,50 milhões de dólares por ano em anúncios de televisão. A Jacoby & Myers é outro grande anunciante da área jurídica.

É provável que os médicos logo comecem a utilizar a publicidade por uma razão muito simples: nossa sociedade supercomunicativa está em processo de tornar-se também supermedicada. Um estudo feito para o Departamento de Saúde e Serviços Humanos prevê um excedente de aproximadamente 70 mil médicos no mercado até 1990.

Como é que esses médicos excedentes vão encontrar pacientes para tratar? Anunciando, é claro.

Mas os profissionais liberais que se opõem à publicidade dizem que ela degrada sua profissão. E degrada mesmo. Para anunciar com eficácia, hoje em dia, você tem de descer do seu pedestal e colar a orelha no chão. Você tem de entrar no mesmo comprimento de onda que o seu potencial cliente.

capítulo 3

COMO ENTRAR NA MENTE DAS PESSOAS

O paradoxo de nossa sociedade supercomunicativa é que nada é mais importante que a comunicação. Com a comunicação a seu favor, tudo é possível. Sem ela, nada é possível. Por mais talentoso e ambicioso que você seja.

Aquilo que chamamos sorte é geralmente o subproduto de uma comunicação bem-sucedida. Dizer a coisa certa à pessoa certa no momento certo. Descobrir aquilo que o pessoal da NASA, em Houston, chama uma "janela no espaço".

Posicionamento é um sistema organizado para se descobrir uma janela no espaço da mente. Ele se baseia no conceito de que a comunicação somente pode ocorrer no tempo certo e nas circunstâncias certas.

A maneira mais fácil de entrar na mente das pessoas

A maneira mais fácil de entrar na mente de uma pessoa é ser o primeiro a chegar. Você pode demonstrar a validade desse princípio fazendo a si mesmo algumas perguntas.

Qual é o nome da primeira pessoa que sobrevoou sozinha o Atlântico Norte? Charles Lindberg, certo?

Agora, qual é o nome da segunda pessoa que sobrevoou sozinha o Atlântico Norte?

A resposta não é muito fácil, não é mesmo?

Qual é o nome da primeira pessoa que pisou na lua? Neil Armstrong, é óbvio.

Qual é o nome da segunda?

Qual é o nome da montanha mais alta do mundo? O Monte Everest, no Himalaia, certo?

E qual é o nome da segunda montanha mais alta do mundo?

Qual é o nome da primeira pessoa com quem você fez amor? E qual é o nome da segunda?

A primeira pessoa, a primeira montanha, a primeira empresa a posicionar-se na mente das pessoas dificilmente serão desalojadas.

A Kodak na fotografia, a Kleenex em lenços de papel, a Xerox em fotocópias, a Hertz em locação de automóveis, a Coca-Cola em refrigerantes, a General Electric em componentes elétricos.

A primeira coisa de que você precisa para "fixar indelevelmente sua mensagem na mente" não é uma mensagem. É a mente. Uma mente inocente. Uma mente que não tenha sido maculada por outra marca.

O que vale para o mundo dos negócios também vale para a natureza.

"*Imprinting*" é o termo utilizado pelos biólogos que estudam os animais para descrever o primeiro encontro entre um animal recém-nascido e sua mãe natural. Leva apenas alguns segundos para que a identidade da mãe se fixe indelevelmente na lembrança do bebê.

Você pode pensar que todos os patos se parecem, mas, por mais que você misture o bando de patos, até mesmo um patinho com um dia de vida sempre é capaz de reconhecer a mãe.

Bem, isso não é bem verdade. Quando o processo de *imprinting* é interrompido pela substituição da pata por um cachorro, um gato, ou até mesmo um ser humano, o bebê pato passa a tratar o substituto como sua mãe natural. Não importa quão diferente seja a criatura.

Apaixonar-se é um fenômeno semelhante. Embora as pessoas sejam mais seletivas que os patos, elas estão longe de ser tão seletivas como você imagina.

O que mais conta é a receptividade. Duas pessoas têm de se encontrar em uma situação em que ambas estejam receptivas à idéia. Ambas devem ter as portas abertas. Ou seja, nenhuma delas deve estar perdidamente apaixonada por outra pessoa.

O casamento, como instituição humana, depende do conceito de ser o melhor dos melhores. E isso também vale para os negócios.

Se você quer ter sucesso no amor ou nos negócios, deve avaliar a importância de entrar na mente do outro em primeiro lugar.

Você cria lealdade à marca no supermercado assim como cria lealdade no casamento. Você chega lá em primeiro lugar e depois cuida de não dar nenhum motivo para troca.

O difícil caminho até a mente

E o que você pode fazer se o seu nome não é Charles, ou Neil, ou Kleenex, ou Hertz? E se alguém já chegou antes à mente do seu potencial cliente?

O modo mais difícil de entrar na mente de uma pessoa é ser o segundo. Segundo não é lugar nenhum.

Qual é o livro que mais vendeu no mundo (e também o primeiro livro a ser impresso com tipos móveis)? A Bíblia, é claro.

E o segundo livro mais vendido? Quem sabe?

Nova York é o maior porto de carga dos Estados Unidos. Mas qual é o segundo? Você acredita que é Hampton Roads, na Virgínia?

Quem foi a segunda pessoa que sobrevoou sozinha o Atlântico? (Amelia Earhart não foi a segunda pessoa que sobrevoou o Atlântico sozinha, embora tenha sido a primeira mulher a fazê-lo. E então, quem foi a segunda mulher?).

Se você não for o primeiro (como pessoa, como político ou como empresário) a penetrar na mente do seu cliente potencial, então você tem um problema de posicionamento.

Em uma competição corporal, as melhores chances são as do cavalo mais rápido, as do time mais forte, as do melhor jogador. "A corrida nem sempre é para o mais rápido, nem a batalha para o mais forte", diz Damon Runyan, "mas é assim que se aposta".

Não é isso que acontece em uma competição mental. Em uma batalha mental, as chances favorecem a primeira pessoa, o primeiro produto, o primeiro político que penetra na mente.

Na publicidade, o primeiro produto a marcar posição tem uma enorme vantagem. Xerox, Polaroid, Bubble Yum são apenas alguns exemplos disso.

Na publicidade, é satisfatório ter o melhor produto de sua área específica. Mas é ainda melhor ser o primeiro.

O amor pode ser maravilhoso na segunda vez, mas ninguém se importa em saber quem foi a primeira pessoa que sobrevoou sozinha o Atlântico Norte. Ainda que tenha sido um melhor piloto.

Há estratégias de posicionamento para se lidar com o problema de ser o número dois, ou o número três, ou até mesmo o número 203 (ver Capítulo 8, "Reposicionando a Concorrência").

Mas, antes de qualquer coisa, tenha certeza de que você não consegue encontrar alguma atividade em que seja o primeiro. É preferível ser um peixão em uma lagoa pequena (e depois aumentar o tamanho da lagoa) a ser um peixe pequeno em uma lagoa grande.

A publicidade aprende a lição

A indústria da publicidade está aprendendo a lição de Lindbergh da maneira mais difícil.

Com a magia do dinheiro e um número suficiente de pessoas brilhantes, algumas empresas sentem que qualquer programa de marketing terá sucesso.

Mas os restos dos naufrágios ainda estão na praia. A Corfam da DuPont, a cerveja da Gablinger, o Convair 880, o creme dental Vote, a máquina de lavar roupas Handy Andy.

O mundo não voltará a ser o mesmo e o negócio de publicidade também não.

Não que muitas empresas não tenham tentado. Todas as drogarias e todos os supermercados estão com as prateleiras cheias de marcas "mais ou menos bem-sucedidas". Os fabricantes desses produtos do tipo "eu também" agarram-se à esperança de um dia poderem criar uma brilhante campanha de publicidade que levará suas crias até o círculo dos vencedores.

Nesse meio tempo, eles andam por aí com cupons, ofertas, exposições em pontos de venda. Mas os lucros chegam com dificuldade, e aquela "brilhante" campanha de publicidade, ainda que chegue, nem sempre faz a reviravolta da marca. Não é à toa que os empresários são céticos em relação à publicidade.

Basta levar um publicitário para o negócio de sorvetes cremosos.

O caos no mercado reflete o fato de que a publicidade já não funciona como antes. Mas o modo antigo e tradicional de se fazer as coisas dificilmente morre. "Não há motivo para que a publicidade não dê certo", dizem os defensores do *status quo*, "desde que o produto seja bom, o plano seja sólido e os comerciais sejam criativos".

Mas eles não estão considerando uma razão grande e gritante. O próprio mercado. O ruído hoje é alto demais.

As mensagens preparadas da maneira antiga e tradicional não têm mais esperança de ser bem-sucedidas na atual sociedade supercomunicativa.

Para compreender como chegamos ao ponto em que estamos hoje, pode ser útil darmos uma rápida olhada na recente história da comunicação.

A era do produto

Nos anos 1950, a publicidade estava na era do produto. De várias maneiras, esses eram os velhos bons tempos em que a "melhor ratoeira" e algum dinheiro para promovê-la eram tudo de que você precisava.

Era uma época em que os publicitários voltavam sua atenção para as características do produto e os benefícios que ele traria para o cliente. Eles procuravam aquilo que, no dizer de Rosser Reeves, era a "Proposta de Venda Inigualável".

Porém, no final da década de 1950, a tecnologia começou a mostrar sua cara horrível. Ficou cada vez mais difícil estabelecer aquela "PVI".

O fim da era do produto chegou com uma avalanche de produtos do tipo "eu também" que irromperam no mercado. A sua "melhor ratoeira" foi rapidamente acompanhada por duas outras iguaizinhas. E ambas afirmavam ser melhores que a primeira.

A concorrência foi feroz e nem sempre honesta. Ela ficou tão ruim que se ouviu um gerente de produto comentar: "Você nem imagina. Como não tínhamos nada a dizer sobre o produto no ano passado, colocamos em sua embalagem os dizeres 'novo e aperfeiçoado'. Neste ano, o pessoal de pesquisa apareceu com uma verdadeira melhoria, e agora não sabemos o que dizer".

A era da imagem

A fase seguinte foi a era da imagem. As empresas bem-sucedidas descobriram que a reputação, ou a imagem, era mais importante na venda de um produto do que qualquer uma de suas características específicas.

O arquiteto da imagem era David Ogilvy. Como ele disse em seu famoso discurso a esse respeito, "todo anúncio é um investimento de longo prazo na imagem de uma marca". E ele provou a validade de suas idéias com programas para as camisas Hathaway, a Rolls Royce, a Schweppes e outros produtos.

Mas, assim como os produtos "eu também" acabaram com a era do produto, as empresas "eu também" acabaram com a era da imagem. Como todas as empresas tentavam estabelecer uma reputação para si, o barulho foi tão grande que relativamente poucas delas tiveram sucesso.

E, das que chegaram lá, a maioria o fez basicamente com espetaculares realizações técnicas, e não com publicidade espetacular. Para nomear só duas: a Xerox e a Polaroid.

A era do posicionamento

Hoje, fica óbvio que a publicidade está entrando em uma nova era – uma era em que a criatividade não é mais a chave para o sucesso.

A diversão e os jogos dos anos 1960 e 1970 deram lugar à dura realidade da década de 1980.

Para ter sucesso em nossa sociedade supercomunicativa, uma empresa tem de criar uma posição na mente do potencial cliente, uma posição que leve em consideração não apenas os próprios pontos fortes e fracos da empresa, mas também os de seus concorrentes.

A publicidade está entrando em uma era em que a estratégia domina. Na era do posicionamento, não basta inventar ou descobrir alguma coisa. Isso pode nem ser necessário. Mas você tem de ser o primeiro a penetrar na mente do cliente em potencial.

A IBM não inventou o computador. Quem o inventou foi a Sperry-Rand. Mas a IBM foi a primeira empresa que construiu uma posição para os computadores na mente do consumidor.

O que Américo Vespúcio descobriu

A Sperry-Rand do século XV foi Cristóvão Colombo.

Como toda criança em idade escolar sabe, o homem que descobriu a América foi pouco recompensado por seus esforços. Cristóvão Colombo cometeu o erro de procurar ouro e ficar com a boca fechada.

Américo Vespúcio não fez isso. Américo, que era a IBM do século XV, estava cinco anos atrasado em relação a Colombo. Mas ele fez duas coisas certo.

Primeiro, ele posicionou o Novo Mundo como um continente separado, totalmente distinto da Ásia. Isso causou uma revolução na geografia de sua época.

Em segundo lugar, ele escreveu copiosamente a respeito de sua descoberta e de suas teorias. Especialmente significativas são as cinco cartas de sua terceira viagem. Uma delas (*Mundus Novus*) foi traduzida para 40 línguas diferentes em um período de mais de 25 anos.

Antes de sua morte, a Espanha concedeu-lhe a cidadania castelhana e ofereceu-lhe um importante cargo oficial.

Como resultado, os europeus creditaram a descoberta da América a Américo Vespúcio e lhe deram seu nome.

Cristóvão Colombo morreu na prisão.

O que a Michelob descobriu

Os grandes redatores de publicidade do passado, que já foram para a grande agência de publicidade do céu, morreriam novamente se pudessem ver algumas das campanhas que são apresentadas atualmente.

Veja a publicidade de cerveja, por exemplo. Antigamente, um redator de anúncios de cerveja observava muito o produto para encontrar uma plataforma de campanha. E descobria características do produto: era a época da Piels "direto do barril" e da Ballantine "fermentada a frio".

Antes ainda, um redator de anúncios de cerveja buscava apenas as palavras certas para apelar à qualidade, ao gosto e ao apetite.

"Um leve beijo do lúpulo."

"Da terra das águas azuis como o céu."

Hoje, porém, a poesia na publicidade está tão morta como a poesia na poesia.

Um dos maiores sucessos recentes de publicidade é a campanha da Michelob. A marca foi lançada com uma campanha que é tão poética como uma placa de trânsito proibido. E igualmente eficaz.

"Primeira classe é Michelob" posicionou-a como uma marca de cerveja norte-americana com preço *premium*. Em poucos anos, a Michelob tornou-se uma das cervejas mais vendidas nos Estados Unidos. E também com preços altos.

A Michelob foi a primeira cerveja doméstica com preço alto? É claro que não. Mas ela foi a primeira a construir essa posição na mente do consumidor de cerveja.

O que a Miller descobriu

Observe como a poesia no antigo slogan da cerveja Schlitz esconde o posicionamento.

"Real sabor em uma grande cerveja leve."[1]

Será que alguém lá fora, no bar e na churrascaria do bairro, acreditou que a Schlitz era mais leve que a Budweiser ou a Pabst? Não. O slogan da Schlitz fez tanto sentido para o bebedor de cerveja deste mundo quanto a letra de música de uma ópera italiana.

---

[1] No original, "Real gusto in a great, light beer".

Mas, na Companhia de Cervejas Miller, as pessoas aparentemente se perguntaram o que aconteceria se elas realmente posicionassem uma cerveja como cerveja leve.

Então a Miller introduziu a cerveja "Lite". E o resto é história: um sucesso estrondoso que deu origem a inúmeras marcas do tipo "eu também". Inclusive, ironicamente, a Schlitz Light (presumivelmente promovida como "Real sabor em uma grande cerveja leve, leve").

Atualmente, para muitas pessoas ou muitos produtos, um caminho para o sucesso consiste em ver aquilo que sua concorrência está fazendo e depois despi-la da poesia ou da criatividade que se tornou uma barreira para que a mensagem chegasse à mente. Com uma mensagem purificada e simplificada, você consegue penetrar na mente do consumidor.

Por exemplo, há uma cerveja importada cuja estratégia de posicionamento é tão clara que aqueles redatores de antigamente nem sequer a aceitariam como publicidade.

"Você provou a cerveja alemã que é a mais popular nos Estados Unidos. Agora prove a cerveja alemã que é a mais popular na Alemanha." Foi assim que a Beck posicionou-se com eficácia em relação à Lowenbrau.

Uma publicidade desse tipo tornou a cerveja Beck popular também nos Estados Unidos. As vendas continuaram subindo ano após ano. A Lowenbrau, por sua vez, desistiu da batalha e tornou-se uma marca doméstica.

Coisas estranhas vêm acontecendo na publicidade norte-americana. Ela está se tornando menos poética – e mais eficaz.

capítulo 4

AQUELAS PEQUENAS ESCADAS QUE HÁ EM SUA CABEÇA

Para melhor compreender o que sua mensagem tem de enfrentar, vamos examinar o objetivo derradeiro de toda comunicação: a mente humana.

Assim como a memória de um computador, a mente tem uma fenda ou posição para cada *bit* de informação que decide reter. Quanto ao modo de funcionamento, a mente é muito parecida com um computador.

Mas há uma diferença importante. Um computador tem de aceitar tudo aquilo que você coloca dentro dele. A mente, não. De fato, é bem o contrário.

A mente rejeita novas informações que "não computam". Ela aceita somente as novas informações que combinam com seu estado de espírito do momento. Ela filtra todo o resto.

Você vê o que espera ver

Pegue dois desenhos abstratos. Escreva o nome Schwartz em um e o nome Picasso no outro. Depois, peça a opinião de alguém. Você só vê o que espera ver.

Peça a duas pessoas que têm pontos de vista opostos, digamos, um democrata e um republicano, para lerem um artigo a respeito de um tema controverso. Depois, pergunte a cada uma se o artigo mudou sua opinião.

Você descobrirá que o democrata extrai do texto os fatos que apóiam o seu ponto de vista. O republicano extrai do mesmo texto fatos que apóiam o ponto de vista oposto. Quase não há nenhuma mudança mental. Você vê o que espera ver.

Despeje o conteúdo de uma garrafa de Gallo[1] na garrafa de um Borgonha francês de 50 anos. Depois, decante cuidadosamente a bebida em um copo diante de um amigo e peça uma opinião.

Você saboreia o que espera saborear.

Os testes de degustação de champanhe às escuras freqüentemente classificam as marcas baratas da Califórnia acima das francesas. Quando os rótulos são colocados, é improvável que isso aconteça.

Você saboreia o que espera saborear.

Se não fosse assim, não haveria nenhum lugar para a publicidade. Se o consumidor médio fosse racional, e não emocional, não haveria publicidade. Pelo menos, não como a conhecemos hoje.

Um objetivo primordial de toda publicidade é aumentar as expectativas. Criar a ilusão de que o produto ou serviço fará os milagres que você espera. E, de imediato, é exatamente isso que a publicidade faz.

Mas crie a expectativa oposta, e o produto terá problemas. O anúncio de lançamento da cerveja Gablinger criou o sentimento de que, por ser um produto *diet*, teria gosto ruim.

E, com certeza, o anúncio funcionou! As pessoas a experimentaram e facilmente se convenceram de que a Gablinger tinha gosto ruim.

Você saboreia o que espera saborear.

Um recipiente inadequado

A mente humana não apenas rejeita informações que não combinam com seu conhecimento ou experiência anterior; ela não tem muito conhecimento ou experiência anterior com que trabalhar.

Em nossa sociedade supercomunicativa, a mente humana é um recipiente totalmente inadequado.

Segundo o psicólogo de Harvard, Dr. George A. Miller, a mente humana comum não consegue lidar com mais de sete coisas ao mesmo tempo. É por isso que o número sete é popular nas listas de coisas a serem lembradas. Os números de telefone de sete dígitos, as Sete Maravilhas do Mundo, as sete cartas em cada naipe do baralho, a Branca de Neve e os Sete Anões.

[1] Vinho da Califórnia de preço acessível.

Peça a alguém para lhe dizer todas as marcas de um produto de determinada categoria de que consegue se lembrar. Raramente alguém se lembra de mais de sete. E isso para uma categoria de grande interesse. Para os produtos de pouco interesse, o consumidor médio geralmente não consegue nomear mais de uma ou duas marcas.

Tente lembrar-se dos Dez Mandamentos. Se isso é muito difícil, que tal lembrar-se dos sete sinais de alerta contra o câncer? Ou dos Quatro Cavaleiros do Apocalipse?

Segundo uma pesquisa de jornal, 80 em cada 100 norte-americanos não conhecem o nome de nenhum ministro de estado.

Se o seu recipiente de armazenagem mental é pequeno demais para lidar com questões como essa, como é que vamos acompanhar todos os nomes de marcas que se multiplicam como coelhos todos os anos?

Trinta anos atrás, as seis principais fábricas de cigarros ofereceram, ao fumante americano, 17 marcas diferentes. Hoje, elas vendem mais de 175 (uma máquina de venda automática construída para conter todas essas marcas teria de medir nove metros de comprimento).

A febre da "modelite" atingiu todas as indústrias de automóveis e cervejas a lentes zoom. Detroit vende, atualmente, 290 modelos diferentes em uma espantosa variedade de estilos e tamanhos. Caravelle, Capri, Cimarron, Camaro, Calais, Cutlass. Vejamos, é um Chevrolet Caravelle ou um Plymouth Caravelle? O público fica confuso.

Para dar conta da complexidade, as pessoas aprenderam a simplificar tudo.

Sempre que pedimos a um pai para descrever o progresso intelectual do filho, ele dificilmente cita estatísticas de vocabulário, compreensão de leitura, capacidade matemática etc. A resposta típica é: "Ele está na sétima série".

Essa classificação de pessoas, objetos e marcas é não apenas um método conveniente de organizar as coisas, mas também uma necessidade absoluta de não ser esmagado pelas complexidades da vida.

A escada de produtos

Para dar conta da explosão de produtos, as pessoas aprenderam a classificar mentalmente os produtos e marcas. Talvez isso possa ser mais bem visualizado se imaginarmos uma série de escadas dentro da mente. Em cada degrau, há o nome de uma marca. E cada escada diferente representa uma categoria de produtos diferente.

Algumas escadas têm muitos degraus (sete é muito). Outras têm poucos, se é que os têm.

Um concorrente que queira aumentar sua participação no negócio deve ou desalojar a marca que está acima (tarefa geralmente impossível) ou, de algum modo, estabelecer uma relação entre a marca que possui e a posição de outra empresa.

Mas, apesar disso, muitas empresas embarcam em programas de marketing e publicidade como se a posição do concorrente não existisse. Elas anunciam seus produtos em um vácuo e ficam desapontadas quando suas mensagens fracassam.

Subir a escada mental pode ser extremamente difícil se as marcas que estão acima têm uma base forte e nenhuma estratégia de posicionamento ou alavancagem é aplicada.

Um publicitário que queira lançar uma nova categoria de produtos deve carregar uma nova escada para dentro da mente. Isso também é difícil, especialmente se a nova categoria não está posicionada em relação à antiga. A mente não tem espaço para aquilo que é novo e diferente, a menos que esteja relacionado com o que é antigo.

É por isso que, se você tem um produto verdadeiramente novo, é sempre melhor dizer ao seu potencial cliente o que o produto não é, em vez de dizer o que ele é.

O primeiro automóvel, por exemplo, foi denominado "uma carruagem sem cavalos", expressão que ajudou o público a posicionar o conceito em relação ao modo de transporte existente.

Expressões como "aposta fora da pista", gasolina "sem chumbo" e soda "*sugar-free*" são todos exemplos de como novos conceitos podem ser posicionados em relação aos antigos.

A posição "contra"

No mercado de hoje, a posição do concorrente é tão importante quanto a sua. Às vezes, até mais importante. Um dos primeiros sucessos da era do posicionamento foi a famosa campanha da Avis.

A campanha da Avis ficará na história do marketing como um exemplo clássico de uma posição "contra". No caso da Avis, tratava-se de uma posição contra o líder.

"A Avis é apenas a número dois em aluguel de automóveis; portanto, por que você deve ir conosco? Porque nos esforçamos mais."

Durante 13 anos consecutivos, a Avis perdeu dinheiro. Quando admitiu que era a número dois, passou a ter lucro.

No primeiro ano, a Avis fez 1,2 milhão de dólares. No segundo, 2,6 milhões. No terceiro ano, cinco milhões. Depois, a empresa foi vendida para a ITT.

A Avis conseguiu ganhar muito dinheiro porque reconheceu a posição da Herz e não tentou atacá-la de frente.

Para melhor entender por que o programa da Avis teve tanto sucesso, vamos dar uma olhada na mente do potencial cliente e imaginar que estamos vendo uma escada de produtos com o rótulo de "locação de automóveis".

Em cada degrau da escada de produtos, encontra-se o nome de uma marca. A Herz está no topo. A Avis, no segundo degrau, logo abaixo. A National, no terceiro.

Muitas pessoas de marketing não entenderam bem a história da Avis. Elas presumem que a empresa teve sucesso porque se esforçou mais.

Nada disso. A Avis teve sucesso porque estabeleceu uma relação com a Herz (se o maior esforço fosse o segredo do sucesso, Harold Stassen teria sido Presidente muitas vezes).

Como indicação do ponto a que chegou a recusa de anúncios comparativos, a revista *Time* originalmente rejeitou a frase "nós nos esforçamos mais", porque era demasiado competitiva em relação à Herz. Outras revistas seguiram a opinião da *Time*.

O contato da agência entrou em pânico e concordou em mudar a frase para "nós nos esforçamos como uns danados"[2] (presumindo que uma imprecação seria menos ofensiva que uma comparação).

Apenas depois que o anúncio foi cancelado é que a *Time* mudou de idéia e concordou em aceitar sua a versão original (e o contato da agência foi despedido).

Estabelecer a posição "contra" é uma clássica manobra de posicionamento. Se uma empresa não é a primeira, então tem de ser a primeira a ocupar a posição número dois. Essa não é uma tarefa fácil.

Mas é uma tarefa possível. Aquilo que a Avis faz na área de locação de automóveis, o Burger King faz na de refeições rápidas e a Pepsi, na de refrigerantes.

[2] No original, "We try damned hard"

A posição do produto que "não é cola"

Outra clássica estratégia de posicionamento é abrir caminho ardilosamente na escada de outro produto. Foi o que fez a 7-Up. O brilhantismo dessa idéia somente pode ser apreciado quando se considera a enorme participação que a Coca e a Pepsi desfrutam na mente das pessoas. Quase dois cada três refrigerantes consumidos nos Estados Unidos são bebidas à base de cola.

Ao associar o produto com aquilo que já estava na mente do potencial cliente, a posição "não é cola" firmou a 7-Up como alternativa para um refrigerante do tipo cola (os três degraus de cima na escada da cola podem ser visualizados como: um, Coca; dois, Pepsi; três, 7-Up).

Para provar a universalidade dos conceitos de posicionamento, a McCormick Communications assumiu a publicidade da WLKW, estação de rádio que tocava música instrumental e uma das muitas que participavam do mercado de Providence (Rhode Island), e tornou-a número um. Seu tema: WLKW, a estação que não toca rock.

Para descobrir uma posição exclusiva, você tem de ignorar a lógica convencional. A lógica convencional diz que você encontra seu conceito dentro de si mesmo ou dentro do produto.

Não é verdade. O que você tem de fazer é olhar dentro da mente do consumidor.

Você não vai encontrar uma idéia do tipo "não é cola" dentro de uma lata de 7-Up. Você vai encontrá-la dentro da cabeça de quem bebe refrigerantes à base de cola.

A armadilha e.o.q.a.t.b.s.

Mais do que qualquer outra coisa, o bom posicionamento requer perseverança. Você tem de mantê-lo ano após ano.

Porém, depois que uma empresa realiza uma brilhante ação de posicionamento, ela freqüentemente cai naquilo que denominamos a armadilha e.o.q.a.t.b.s.: "esquece o que a tornou bem-sucedida".

Assim que a Avis foi vendida para a ITT, decidiu que não estava mais satisfeita em ser a número dois. Por isso, lançou anúncios que diziam "A Avis vai ser a número um".

Isso é fazer publicidade de suas aspirações. É psicológica e estrategicamente errado.

A Avis não estava destinada a ser a número um, a não ser que encontrasse alguma fraqueza da Herz para explorar.

Além do mais, a campanha antiga não apenas relacionava a Avis número dois com a Herz número um na escada de produtos da mente do potencial consumidor; ela também capitalizava a simpatia natural que as pessoas têm pelo perdedor.

A nova campanha nada mais era que a bravata convencional.

Seja honesto. Nos últimos 20 anos, a Avis lançou muitas campanhas publicitárias diferentes: "O mago da Avis". "Você não precisa andar correndo pelos aeroportos".

Mas qual é o único tema que vem à sua mente quando alguém menciona a Avis?

Sem dúvida nenhuma, "A Avis é apenas a número dois". Mas, nos últimos anos, a Avis vem ignorando o único conceito que posicionou na mente das pessoas. Algum dia, quando a National Rent-A-Car ultrapassá-la nas vendas, ela dará valor ao conceito de número dois que perdeu.

Se você quer ter sucesso nos dias de hoje, não pode ignorar a posição do concorrente. Nem pode se afastar de sua própria posição. Nas palavras imortais de Joan Didion, "aceite as coisas como são".

capítulo 5

DAQUI, VOCÊ NÃO PODE CHEGAR LÁ

Há uma velha história a respeito de um viajante que perguntou, a um fazendeiro, qual era o caminho para chegar a uma cidade próxima.

O fazendeiro respondeu: "Bem, você desce a estrada por um quilômetro e meio e vira à esquerda na encruzilhada. Não, isso não vai dar certo".

"Faça a volta e dirija por uns oitocentos metros até chegar a um sinal de 'Pare' e então vire à direita", continuou o fazendeiro. "Não, isso também não vai dar certo". Após uma longa pausa, o fazendeiro olhou para o viajante confuso e disse: "Sabe o quê, filho? Daqui, você não pode chegar lá!".

Acontece que, atualmente, esse é o destino de muitas pessoas, políticos e produtos. Da posição em que estão, eles "não podem chegar lá".

A Avis não vai ser a número um. Querer só não basta. Também não basta lançar quantidades maciças de anúncios.

O espírito do "posso fazer" se recusa a morrer

De muitas maneiras, a experiência dos Estados Unidos com o Vietnã foi um exemplo típico do espírito de "posso fazer" do americano. Tudo é possível se você se esforçar muito. Mas não importa quanto esforço tenhamos feito, não importa quantos soldados e quanto dinheiro tenhamos despejado no Vietnã, o problema não podia ser resolvido por uma força externa.

Daqui, não podíamos chegar lá.

Apesar de centenas de exemplos em contrário, vivemos em um ambiente de "poder tudo". Porém, muitas coisas não são possíveis, por maiores que sejam nossos esforços.

Pense no vice-presidente executivo de 55 anos que nunca ocupará o cargo mais alto da empresa. Quando o executivo mais alto se aposentar, aos 65, o conselho escolherá um sucessor de 48 anos.

O executivo de 55 anos está fora da faixa etária para o cargo de presidente. Para ter uma chance de promoção, ele precisaria ser pelo menos dez anos mais jovem que o atual detentor do cargo.

Na batalha pela mente, a mesma coisa acontece com o produto que está defasado.

Hoje, uma empresa pode ter um grande produto, uma grande força de vendas, uma grande campanha de publicidade, e ainda fracassar miseravelmente se, por acaso, "daqui, não puder chegar lá". Não importa quantos milhões de dólares ela esteja preparada para gastar.

O melhor exemplo disso é o que aconteceu com a RCA no negócio de computação.

A previsão da decadência

Em 1969, escrevemos um artigo para a revista *Industrial Marketing* utilizando a RCA como um de nossos principais exemplos. O artigo, intitulado "O Posicionamento É um Jogo que as Pessoas Jogam no Atual Mercado do *Eu Também*", não agredia ninguém. Ele mencionou nomes e fez previsões, todas elas com base nas regras de um jogo chamado posicionamento (era a primeira vez que alguém usava a palavra "posicionamento" para descrever o processo de desafiar a posição mental ocupada por um concorrente maior e mais bem estabelecido).

Uma das previsões, especificamente, revelou-se muito acurada. No que se referia à indústria de computação, escrevemos: "Uma empresa não pode atacar de frente a posição que a IBM estabeleceu".

A expressão de efeito, naturalmente, era "de frente." Embora seja possível competir com sucesso contra um líder de mercado (e o artigo sugeria várias abordagens nesse sentido), as regras do posicionamento dizem que isso não pode ser feito "de frente."

Em 1969, muita gente franziu o cenho. Quem éramos nós para dizer que uma poderosa empresa multibilionária como a RCA não podia se dar bem no negócio de computação, se quisesse?

E assim, à medida que 1970 decorria, a RCA ia adiante a toda velocidade. A incrível história foi contada nas páginas das publicações de negócios.

"A RCA dispara um ataque contra a número um", dizia o título de um artigo na edição de 19 de setembro de 1970 da *Business Week*.

"A RCA está ombro a ombro com a IBM", foi uma das manchetes da *Fortune*, em outubro de 1970.

"O computador da RCA investe um golpe frontal contra a IBM", foi o título de uma história na edição de 26 de outubro do mesmo ano da *Advertising Age*.

E apenas para não deixar nenhuma dúvida quanto às intenções da empresa, Robert W. Sarnoff, presidente do conselho e da empresa, anunciou que, até o fim de 1970, a RCA ocuparia "a firme posição de número dois" na indústria de computadores. Sarnoff salientou que sua empresa já havia investido "muito mais para conquistar uma posição forte na indústria de computação do que jamais investira em qualquer empreendimento anterior", inclusive a televisão a cores. Ele disse que o objetivo era desenvolver uma posição de lucros sólidos no início dos anos 1970.

Morre o espírito de "podemos tudo"

Menos de um ano depois, o teto desabou. "O desastre de 250 milhões de dólares que atingiu a RCA" foi a manchete de uma reportagem da *Business Week*, em 25 de setembro de 1971.

É um bocado de dinheiro. Disseram que se todo esse dinheiro fosse colocado, em notas de cem dólares, na calçada no Rockfeller Center, a pilha ultrapassaria a janela de Bob Sarnoff, no 53º andar do edifício da RCA.

Aqueles foram tempos difíceis para os fabricantes de computadores. Em maio de 1970, após anos de operações deficitárias com computadores, a General Electric jogou a toalha e vendeu toda aquela situação caótica para a Honeywell.

Com dois grandes fabricantes de computadores falindo um depois do outro, a tentação de dizer "eu não disse que isso ia acontecer?" era irresistível.

Assim, posteriormente, no ano de 1971, nós voltamos à carga com "O Posicionamento Revisitado: Por que a GE e a RCA Não Escutaram?"[1] (o artigo saiu na *Industrial Marketing*, de novembro de 1971).

Como é que se faz publicidade e comercialização para enfrentar uma empresa como a IBM? Os dois artigos sobre posicionamento fizeram algumas sugestões.

Como enfrentar uma IBM

O negócio de computadores é freqüentemente chamado "Branca de Neve e os Sete Anões". A Branca de Neve estabeleceu uma posição sem rivais na história do marketing.

A IBM tem 70% do negócio de computadores do tipo *mainframe*; o maior dos anões tem participação de 10%.

Como é que se enfrenta uma empresa que tem a posição da IBM?

Bem, primeiro você tem de reconhecer esse fato. Depois, você não vai fazer aquilo que muitas pessoas da área de computadores tentam fazer: agir como a IBM.

Uma empresa não tem esperança de investir de frente contra a posição que a IBM estabeleceu. E a história, até o momento, provou que isso é verdade.

As pequenas empresas dessa área provavelmente reconhecem isso. Mas as grandes empresas parecem pensar que podem assumir fortes posições contra a IBM. Bem, como se ouviu um infeliz executivo dizer, "Simplesmente não há dinheiro suficiente no mundo para fazer isso". Daqui, você não pode chegar lá.

Um velho ditado diz que "fogo se combate com fogo". Mas, como costumava dizer o falecido Howard Gossage, "isso é tolice. Você combate o fogo com água".

Uma estratégia melhor para os concorrentes da IBM seria tirar vantagem de todas as posições que eles ocupam na mente de seus potenciais clientes, quaisquer que fossem elas, e depois relacioná-las a uma nova posição na área de computadores. Por exemplo, como a RCA deveria ter posicionado sua linha de computadores?

Nosso artigo de 1969 fez uma sugestão: "A RCA é líder em comunicações. Se ela posicionar uma linha de computadores que esteja relacionada

[1] "Positioning Revisited: Why Didn't GE and RCA Listen?"

com seu negócio de comunicação, acabará tirando vantagem de sua posição. Mesmo que ela ignore uma grande parte do negócio, estabelecerá uma forte posição."

Veja o caso da General Electric, que é uma grande usuária de computadores. Compartilhamento do tempo[2] era o grande tema tecnológico da época. Se a GE se tivesse se concentrado em computadores de compartilhamento do tempo, também teria tido sucesso na área de computação (e, de fato, a única operação de computadores que a General Electric não vendeu para a Honeywell foi sua rede de compartilhamento do tempo, que continua rentável até hoje).

Veja a NCR, empresa com forte posição em caixas registradoras, que progrediu muito no negócio de computadores, concentrando seus esforços nos sistemas de entrada de dados para o varejo. Caixas registradoras computadorizadas, se assim você preferir.

Porém, quando não há esperança, o esforço de encontrar uma posição válida é praticamente desperdiçado. É muito melhor concentrar-se em outras áreas de negócio da empresa. Como dizia Charlie Brown, "nenhum problema é grande demais para fugirmos dele."

Na verdade, o fracasso completo é muitas vezes preferível ao sucesso medíocre.

Quem ocupa o segundo lugar pode ser facilmente tentado a pensar que a resposta ao problema é esforçar-se ainda mais. Mas uma empresa que esteja presa a uma posição perdedora não vai se beneficiar muito com o trabalho pesado.

O problema não é "o que", mas "quando" o esforço extra (se é que ele vai ser útil para alguma coisa) deve ser aplicado de imediato para estabelecer a valiosa postura de liderança de produto.

Com isso, tudo é possível. Sem isso, as condições serão mesmo duras (como disse um esquimó, "o líder da matilha é o único que desfruta de uma vista diferente").

Smith e Jones na General Electric

Um exemplo pode ajudar a ilustrar esse princípio. Dois cavalheiros estavam de olho no principal cargo da General Electric. Um se chamava Smith. O outro se chamava Jones.

---

2 No original, *time-sharing*.

Smith era o típico executivo com o perfil de "eu posso tudo". Portanto, quando recebeu a operação de computadores para dirigir, aceitou a incumbência com prazer.

Jones, por sua vez, era realista. Ele sabia que a GE não havia entrado no negócio de computadores suficientemente cedo para dominá-lo. A essa altura tardia do jogo, alcançar a IBM custaria um preço alto demais à empresa. Se é que isso seria possível.

Depois que Smith fracassou na tentativa de fazer a reviravolta no negócio de computadores, Jones obteve uma oportunidade para participar dele. Ele recomendou que a General Electric saísse do negócio de computadores, o que ela acabou mesmo fazendo ao vender a operação para a Honeywell.

Essa é uma das razões pelas quais Reginald H. Jones acabou sendo o principal executivo da General Electric Company. E a razão pela qual J. Stanford Smith acabou indo parar na International Paper.

Em resumo, a hierarquia no negócio de computadores é praticamente a mesma que a de qualquer outra indústria. Invariavelmente, toda indústria tem um líder forte (a IBM em computadores, a Xerox em copiadoras e a General Motors em automóveis) e uma legião de seguidores.

Se uma pessoa consegue entender o papel do posicionamento na indústria de computadores, então ela é capaz de transferir esse conhecimento para quase qualquer outra situação.

O que funciona para computadores também funciona para carros e para refrigerantes.

Ou vice-versa.

capítulo 6

O POSICIONAMENTO DE UM LÍDER

Empresas como a Avis e a Seven-Up descobriram alternativas viáveis para a posição de líderes de mercado.

Mas muitas empresas não querem ser seguidoras, ainda que bem-sucedidas. Elas querem ser líderes, como a Herz ou a Coca.

Então, como é que se faz para ser líder? Na verdade, é bem simples. Lembra-se de Charles Lindbergh e Neil Armstrong?

É só chegar em primeiríssimo lugar com o máximo dos máximos.

Estabelecendo a liderança

A história mostra que a primeira marca que chega ao cérebro obtém na média, a longo prazo, uma participação de mercado duas vezes maior que a da marca número dois e quatro vezes maior que a da marca número três. E essas relações não mudam com facilidade.

A marca líder vende, em todas as categorias, muito mais do que a marca número dois, com ampla margem. A Herz vende muito mais que a Avis; a General Motors vende muito mais que a Ford; a Goodyear, muito mais que a Firestone; o McDonald's, muito mais que o Burger King; a General Electric, muito mais que a Westinghouse.

Muitos especialistas em marketing não percebem as enormes vantagens de ser o primeiro. Com muita freqüência, eles atribuem o sucesso de empresas como a Kodak, a IBM e a Coca à "perspicácia do marketing".

As falhas dos líderes

Porém, quando o sapato está no pé errado, quando um líder de marketing não é o primeiro em uma nova categoria, o novo produto é geralmente um seguidor.

A Coca-Cola é uma empresa gigantesca quando comparada à Dr. Pepper. Mas, quando a Coca lançou um produto competitivo, o Mr. Pibb, nem mesmo os enormes recursos do colosso de Atlanta conseguiram prejudicar muito as vendas da Dr. Pepper. O Mr. Pibb permaneceu em um mísero segundo lugar.

A IBM é uma empresa muito maior que a Xerox e tem recursos espantosos em tecnologia, força de trabalho e dinheiro. Mas o que aconteceu quando ela lançou uma linha de copiadoras competitivas em relação às da Xerox?

Nada de importante. A Xerox ainda detém uma participação no mercado de copiadoras muitas vezes maior que a da IBM.

E tudo indicava que a Kodak derrotaria a Polaroid quando o colosso de Rochester entrou no negócio de câmeras para fotos instantâneas. Longe disso. A Kodak conseguiu ficar com apenas uma pequena participação, ainda assim à custa de uma perda substancial em seu negócio de câmeras convencionais.

Quase todas as vantagens se acumulam para o líder. Se não tiverem sérias razões em contrário, os consumidores provavelmente escolherão, em sua próxima compra, a mesma marca que escolheram na última. É mais provável que as lojas queiram fazer estoque das marcas líderes.

As empresas maiores e mais bem-sucedidas são as que primeiro selecionam os melhores formandos das melhores universidades. De fato, essas empresas geralmente atraem mais e melhores empregados.

Em quase todas as etapas do caminho, a marca principal leva vantagem.

Para um vôo de avião, por exemplo, a companhia aérea geralmente estoca uma marca de refrigerante, uma de *ginger ale*, uma de cerveja etc.

Em seu próximo vôo, verifique se as três marcas de bebida oferecidas não são Coca, Canada Dry e Budweiser, as três líderes em refrigerantes, *ginger ales* e cervejas.

A instabilidade da igualdade

É verdade que, em algumas categorias, as duas marcas líderes correm ombro a ombro.

Também é verdade que essas categorias são inerentemente instáveis. Mais cedo ou mais tarde, você pode esperar que uma marca obtenha as melhores vantagens e estabeleça uma dianteira estável na proporção de cinco para três ou de dois para um.

Os consumidores são como as galinhas. Eles se sentem muito mais confortáveis com uma hierarquia de bicadas que todo mundo conhece e aceita.

Herz e Avis.

Harvard e Yale.

McDonald's e Burger King.

Quando duas marcas estão próximas, é provável que uma ou outra acabe disparando e domine o mercado nos anos seguintes.

Entre 1925 e 1930, por exemplo, a Ford e a Chevrolet travaram uma batalha bem equilibrada. Então a Chevrolet assumiu a liderança, em 1931.

Nos anos seguintes, que incluíram mudanças causadas pela depressão e pelas guerras, a Chevrolet perdeu a liderança apenas quatro vezes para a Ford.

O momento certo para o esforço extra é claramente aquele em que a situação fica duvidosa. Quando nenhum dos lados tem uma superioridade clara. Ganhar a batalha pela liderança de vendas em um único ano costuma garantir a vitória nas décadas seguintes.

Um jato tem de elevar sua potência em 110% para poder levantar vôo. Mas, quando ele atinge 9 mil metros de altura, o piloto pode reduzir de novo a potência para 70% e ainda assim voar em velocidade de cruzeiro, a 600 quilômetros por hora.

Estratégias para manter a liderança

Pergunta: onde é que um gorila de 400 quilos dorme? Resposta: onde ele quiser.

Os líderes podem fazer o que bem entendem. A curto prazo, os líderes são quase invulneráveis. A inércia, por si só, leva-os adiante (uma antiga expressão de luta livre é: você não vai à lona quando está no topo).

Para a General Motors, a Procter & Gamble e as líderes deste mundo, as preocupações nunca são com este ano ou o próximo. Suas preocupações são com o longo prazo. O que vai acontecer daqui a cinco anos? E daqui a dez anos?

Os líderes devem usar sua flexibilidade de curto prazo para garantir um futuro estável em longo prazo. De fato, o líder do mercado costuma ser aquele que coloca a escada dentro da mente com sua marca pregada no único degrau. Mas, quando chegam lá, o que os líderes devem ou não fazer?

O que não fazer

Enquanto a empresa ocupa a primeira posição, não faz sentido anunciar para repetir o óbvio. "Somos a número um" é o exemplo típico.

É muito melhor realçar a categoria de produtos na mente do potencial cliente. Os anúncios da IBM geralmente ignoram a concorrência e vendem o valor dos computadores. De todos os computadores, e não apenas dos da empresa.

E por que não é uma boa idéia lançar anúncios que dizem "Somos a número um"?

A razão é psicológica. Ou o potencial cliente sabe que você é o número um e fica imaginando por que é tão inseguro que precisa afirmar isso, ou ele não sabe que você é o número um. E se ele não sabe, por que é que não sabe?

Talvez porque você tenha definido sua liderança em seus próprios termos, e não nos termos do potencial cliente. Infelizmente, isso não funciona.

Você não pode construir uma posição de liderança em seus próprios termos. "O sistema de alta fidelidade por menos de mil dólares mais vendido ao leste do Mississippi."

Você tem de posicionar sua liderança nos termos do potencial cliente.

O que fazer

"A coisa real". Essa campanha clássica da Coca-Cola é uma estratégia que pode funcionar para qualquer líder.

O ingrediente essencial para assegurar a posição de liderança é entrar na mente das pessoas em primeiro lugar. O ingrediente essencial para manter essa posição é reforçar o conceito original. A Coca-Cola é o padrão pelo qual todos os outros refrigerantes são julgados. No contraste, todos os outros são imitações da "coisa real".

Isso não é o mesmo que dizer "somos o número um". A maior marca pode ser a que mais vende porque tem um preço mais baixo, ou porque está disponível em mais canais de venda etc.

Mas "a coisa real", como um primeiro amor, sempre ocupa um lugar especial na mente das pessoas.

"Nós inventamos o produto." Essa é uma poderosa força motivadora por trás das copiadoras Xerox, das câmeras Polaroid, dos isqueiros Zippo.

Cobrindo todas as apostas

Infelizmente, os líderes costumam ler seus próprios anúncios com tanta avidez que acabam pensando que não podem errar. Portanto, quando um concorrente lança um novo produto ou uma nova característica em um produto, a tendência é desprezar esse desenvolvimento.

Os líderes devem fazer o contrário. Eles devem cobrir todas as apostas. Isso significa que um líder sempre deve engolir seu orgulho e logo adotar todo desenvolvimento de novo produto que se mostrar promissor.

A General Motors gastou 50 milhões de dólares para comprar o motor Wankel quando ele foi oferecido à indústria de automóveis. Dinheiro jogado pelo ralo? Não necessariamente.

A General Motors provavelmente considerou os 50 milhões de dólares gastos para comprar a licença do Wankel como um seguro barato para proteger um negócio de 84 bilhões de dólares ao ano.

Suponha que o Wankel tivesse se tornado o motor de automóveis do futuro. E que a Ford e a Chrysler tivessem sido as primeiras a comprar seus direitos. Onde é que a General Motors estaria agora?

Exatamente onde estão a Kodak e a 3M na área de copiadoras de escritório. Quando essas duas líderes na fabricação de mimeógrafos tiveram uma oportunidade de comprar os direitos para o processo de xerografia da Carlson, elas recusaram.

"Ninguém vai pagar cinco centavos por uma cópia em papel comum quando pode obter uma cópia em papel acetinado por um centavo e meio." Bastante lógico. Mas a essência da cobertura é proteger contra o inesperado.

E o inesperado aconteceu. A Haloid aproveitou a oportunidade de adquirir as patentes Carlson, e hoje a empresa (que se chamou primeiramente Haloid Xerox e depois, Xerox) é um colosso de nove bilhões de dólares. Maior que a 3M e apenas um pouco menor que a Kodak. A *Fortune* diz que a copiadora em papel comum Xerox 914 é "provavelmente o produto unitário mais lucrativo que já foi fabricado nos Estados Unidos".

E o que a Xerox fez para repetir esse desempenho?

Quase nada. O sucesso espetacular da 914 foi acompanhado de um fracasso após outro. Principalmente na área de computadores.

O poder que vem do produto

Logo que começou o jogo de diversificação da Xerox, o Presidente da empresa disse: "Apenas quando o nosso sucesso em cópias se repetir, não uma, mas várias vezes, poderemos concluir que esta organização tem o tipo de força em que se pode confiar muitas e muitas vezes".

Esse é o erro clássico que o líder comete. A ilusão de que a força do produto vem da força da organização.

É exatamente o contrário. A força da organização deriva da força do produto, da posição que esse produto ocupa na mente do consumidor.

A Coca-Cola tem força. A Coca-Cola Company é meramente um reflexo dessa força.

Fora da área dos refrigerantes à base de cola, a Coca-Cola Company tem de obter sua força da maneira mais difícil: ou entrando antes das outras na mente das pessoas, ou estabelecendo uma forte posição alternativa, ou reposicionando o líder.

Portanto, o Mr. Pibb da Coca-Cola ocupa um miserável segundo lugar em relação ao Dr. Pepper, e nem todo o poder da Coca-Cola Company pode fazer algo a respeito.

O mesmo acontece com a Xerox. O poder está na posição que esta empresa ocupa na mente das pessoas. Xerox significa copiadora. A Xerox detém essa posição porque entrou primeiro na mente das pessoas e depois explorou essa posição de copiadora por meio de um programa de marketing maciço.

Mas no que diz respeito a computadores, duplicadores de escritório, processadores de texto e outros produtos, a Xerox tem de partir do zero. Ela obviamente tentou repetir o sucesso que obteve com copiadoras em outras áreas. Mas aparentemente se esqueceu de um elemento essencial do programa 914. Ela foi a primeira a sobrevoar o oceano das copiadoras em papel comum.

A reação das multimarcas

A maior parte das empresas líderes deve reagir aos movimentos da concorrência lançando outra marca. Essa é a clássica estratégia "multimarcas" da Procter & Gamble.

Pode ser errado denominá-la estratégia multimarcas. Mais que isso, trata-se de uma estratégia de posição exclusiva.

Cada marca está posicionada para ocupar, com exclusividade, determinado lugar na mente do potencial cliente. Quando os tempos mudam, quando novos produtos vêm e vão, nenhum esforço é feito para mudar a posição. Em vez disso, lança-se um novo produto para refletir as novas tecnologias e os novos gostos.

Em outras palavras, a Procter & Gamble reconhece a enorme dificuldade de tirar um produto de uma posição já estabelecida. Quando você já tem uma posição consolidada, por que mudá-la? Pode ser mais barato e mais eficaz, em longo prazo, lançar um novo produto. Mesmo que você acabe tendo de eliminar um nome antigo e bem estabelecido.

Ivory era um sabão para lavar roupas. Ainda é. Quando os detergentes para trabalho pesado de lavanderia se tornaram disponíveis, deve ter havido pressão para que se lançasse o Detergente Ivory. Mas isso significaria mudar a posição do Ivory na mente do consumidor.

Uma solução melhor foi o Tide. Agora, o conceito de detergente tinha um novo nome para combinar com ele. E o Tide teve um enorme sucesso.

E quando a Procter & Gamble lançou um detergente para máquinas lava-louças, não o chamou de Tide Lava-Louças. Chamou-o Cascade.

Cada marca líder da Procter & Gamble tem sua própria identidade separada das demais: Joy, Crest, Head&Shoulders, Sure, Bounty, Pampers, Comet, Charmin e Duncan Hines. Não há nenhum Plus, Ultra ou Super nessa coleção.

Portanto, uma estratégia multimarca é, na verdade, uma estratégia de posição exclusiva. Uma estratégia que não implica mudança. O Ivory é um produto forte há 99 anos.

Reagindo com um nome mais abrangente

O que destrona um líder é a mudança.

A Estrada de Ferro Central de Nova York[1] não foi apenas a ferrovia líder na década de 1920, mas também a ação mais valiosa entre as mais valiosas da bolsa. Depois de passar por várias fusões, a Penn Central (como hoje é conhecida) é uma relíquia anêmica com um tênue vestígio de sua antiga glória.

A American Airlines, em compensação, está voando alto.

A reação natural da New York Central teria sido abrir uma divisão de transportes aéreos assim que o jogo começou.

"O quê? Vocês querem que nós criemos uma companhia aérea para canibalizar os negócios de nossa ferrovia? Só passando por cima do meu cadáver".

A pura reação de cobertura é difícil de vender dentro das empresas. Os gestores freqüentemente encaram o novo produto ou serviço como um concorrente, e não como uma oportunidade.

Às vezes, uma mudança de nome ajuda a fechar a lacuna que se forma entre uma era e a era seguinte. Ao tornar o nome mais abrangente, você pode permitir que a empresa faça a transição mental.

A revista *Gestão de Vendas* mudou de nome para *Gestão de Marketing & Vendas*, de modo a acompanhar o rápido crescimento da função de marketing. Em algum momento futuro, a publicação poderá mudar de nome outra vez. Para *Gestão de Marketing.*

O padrão comum é mudar de Haloid para Haloid Xerox e depois para Xerox.

Com certeza, você sabe como a Kodak Company chegou a ter esse nome. Ela mudou de Eastman para Eastman Kodak e depois para Kodak, certo?

Bem, eles ainda não mudaram completamente de nome. Portanto, o nome oficial ainda é Eastman Kodak Company.

A Direct Mail Association (Associação de Mala Direta) mudou de nome, muitos anos atrás, para Direct Mail-Marketing Association (Associação de Marketing por Mala Direta), como reconhecimento de que a mala direta é apenas um dos modos de uma empresa fazer marketing direto.

[1] No original, New York Central Railroad.

Por essa razão, eles mudaram mais uma vez, há pouco tempo, para Direct Marketing Association (Associação de Marketing Direto).

Embora a New York Central Transportation Company (Empresa de Transportes Central de Nova York) também não tenha sido um grande sucesso, há fortes evidências de que as pessoas entendem os nomes das empresas muito literalmente (a Eastern Airlines é um bom exemplo disso).

As agências governamentais geralmente são muito boas nesse jogo de tornar o nome mais abrangente. Como, por exemplo, The Department of Housing and Urban Development (Departamento de Moradias e Desenvolvimento Urbano). Antes, ela era a Housing and Home Finance Agency (Agência de Financiamento de Casas e Moradias). Ao tornar seu nome mais abrangente, uma agência do governo pode ampliar seu escopo de operações, aumentar o pessoal e, naturalmente, justificar um orçamento maior.

Mas é bastante estranho que determinada agência governamental não tenha acertado o nome: a Federal Trade Commission (Comissão Federal de Comércio). Um nome mais abrangente para ela seria Consumer Protection Agency (Agência de Proteção ao Consumidor). Esse nome também aproveitaria um tema quente do momento.

Os líderes também podem beneficiar-se tornando mais abrangente a gama de aplicações dos seus produtos. A Arm & Hammer fez um bom trabalho promovendo o uso de bicarbonato de soda em geladeiras.

A Florida Citrus Commission (Comissão de Produtos Cítricos da Flórida) promove o suco de laranja, que é o suco de frutas que mais vende, para acompanhar lanches, refeições etc. "Ele já não é mais tomado só no café-da-manhã", dizem os comerciais.

A *Business Week*, líder entre as revistas de negócios, promoveu-se com sucesso como uma boa publicação publicitária para o consumidor. Hoje, aproximadamente 40% de seu volume de publicidade está relacionado com produtos ao consumidor.

A liderança não é o fim de um programa de posicionamento. Ela é apenas o início. Os líderes estão na melhor posição para explorar as oportunidades que aparecem.

Os líderes devem constantemente utilizar seu poder de liderança para manter-se bem à frente da concorrência.

capítulo 7

O POSICIONAMENTO DE UM SEGUIDOR

O que funciona para um líder não funciona necessariamente para um seguidor. Os líderes sempre podem confrontar uma ação competitiva e continuar mantendo sua liderança.

Mas os seguidores não estão na mesma posição para beneficiar-se de uma estratégia de confronto. Quando um seguidor copia um líder, isso não é nenhum confronto; é uma resposta do tipo "eu também" (geralmente formulada de maneira mais diplomática como "atualização").

Por que os produtos fracassam

A maior parte dos produtos fracassa para atingir objetivos de venda razoáveis porque a ênfase está mais em "melhor" do que em "velocidade". Ou seja, a empresa número dois acha que o caminho para o sucesso consiste em lançar um produto do tipo "eu também", só que melhor.

Não basta ser melhor que a concorrência. Você tem de lançar seu produto antes que outro tenha a chance de estabelecer a liderança. Você tem de fazer mais publicidade e promoção mais maciça. E escolher um nome melhor (veremos mais a esse respeito posteriormente).

Ainda assim, o contrário é o que normalmente ocorre. A empresa "eu também" desperdiça tempo valioso melhorando o produto. Depois, faz o lançamento com um orçamento de publicidade menor que o da empresa líder. E o novo produto recebe o nome da empresa, porque essa é a maneira mais fácil de garantir uma rápida participação de mercado. Todas essas são armadilhas mortais em nossa sociedade supercomunicativa.

Mas como é que se encontra uma posição aberta na mente do cliente em potencial?

Procure a brecha

Os franceses têm uma expressão de marketing que resume essa estratégia com mais clareza.

"*Cherchez le créneau.*"[1] "Procure a brecha."

Procure a brecha e depois trate de ocupá-la.

Esse conselho vai contra a filosofia do "maior e melhor" que está arraigada no espírito dos norte-americanos.

Outra atitude tipicamente americana dificulta o raciocínio do posicionamento.

Desde a infância, somos ensinados a pensar de determinada maneira. Norman Vincent Peale denomina essa maneira de pensar como "o poder do pensamento positivo". É uma atitude que pode levar a vender muitos livros, mas que pode destruir a capacidade das pessoas para encontrar uma brecha.

Para encontrar um *créneau* ou uma brecha, você precisa ter a capacidade de pensar ao contrário, de ir contra a corrente. Se outra pessoa vai para o leste, veja se você consegue encontrar a brecha indo para o oeste. Uma estratégia que funcionou para Cristóvão Colombo também pode funcionar para você.

Vamos explorar algumas estratégias para encontrar brechas.

A brecha do tamanho

Durante muitos anos, os fabricantes de automóveis de Detroit viveram a febre dos carros mais longos e mais baixos. A cada ano, os carros se tornavam mais elegantes e mais bonitos.

Então, apareceu o Fusca da Volkswagen. Pequeno, gordo e feio.

A maneira convencional de promover o Fusca seria minimizar suas fraquezas e maximizar seus pontos fortes.

"Vamos arranjar um fotógrafo de moda que possa fazer o carro parecer melhor do que é. Então, exploraremos o ângulo da confiabilidade" – essa é a estratégia comum.

[1] Literalmente, isso significa: "procure a fenda entre as ameias da muralha".

Mas a brecha, nesse caso, era o tamanho. O anúncio mais eficaz que a Volkswagen já lançou em toda a sua história foi aquele que afirmava clara e inequivocamente sua posição.

"Pense pequeno."

Com duas palavras simples, essa chamada fez duas coisas ao mesmo tempo: afirmou a posição da Volkswagen e questionou a premissa de que o maior é necessariamente o melhor.

A eficácia dessa abordagem, naturalmente, depende da existência de uma brecha aberta na cabeça do potencial cliente. Não que não houvesse outros carros pequenos no mercado na época em que o Fusca foi lançado. Havia, sim, mas nenhum tinha ocupado a posição de carro pequeno.

Os circuitos integrados e outros dispositivos eletrônicos tornam a brecha de "tamanho pequeno" tecnicamente viável em muitas categorias de produtos. Apenas o tempo dirá quais serão as empresas capazes de capitalizar os eletrônicos para construir posições válidas com base na miniaturização.

O oposto também apresenta oportunidades. Há oportunidades para se construir posições para televisores de projeção e outros produtos com base no tamanho grande.

A brecha do preço alto

O exemplo clássico disso é o Michelob. As pessoas da Anheuser-Busch descobriram um mercado inexplorado para uma cerveja doméstica com preço *premium*. E entraram na mente das pessoas com o nome Michelob.

As brechas de preço alto parecem estar se abrindo em muitas categorias de produto. Assim que nossa sociedade fútil e desperdiçada começou a perceber a necessidade urgente da conversação, passou a apreciar o produto de qualidade concebido para durar.

Qual é a única razão do sucesso que fazem os carros de 40 mil dólares, como o BMW 635-CS, e de 50 mil dólares como o Mercedes-Benz 500-SEL?

E os isqueiros S. T. Dupont (bonito nome), por "1.500 dólares ou menos", como diz o anúncio?

O preço é uma vantagem, especialmente se você é o primeiro da categoria que estabelece a brecha de preço alto.

Algumas marcas apóiam quase toda a mensagem de seus produtos no conceito de preço alto.

"Há apenas um Joy,[2] o perfume mais caro do mundo".

"Por que você deve investir em um Piaget, o relógio mais caro do mundo."

O preço alto é eficaz, não apenas para objetos de luxo como automóveis, perfumes e relógios, mas também para produtos mundanos como o Yogurte Whitney e a Pipoca Gourmet de Orville Redenbacher.

O lubrificante de motores sintético Mobil 1, que custa 3,95 dólares a lata, é outro exemplo disso. Até mesmo os produtos tradicionalmente baratos como farinha, sal e açúcar representam oportunidades de posicionamento.

Porém, é comum confundir o raciocínio de posicionamento com a ganância. Cobrar preços altos não é um modo de ficar rico. O segredo do sucesso é ser o primeiro a: (1) estabelecer a posição de preço alto (2) com uma história de produto válida (3) em uma categoria cujos consumidores sejam receptivos a uma marca de preço alto. Caso contrário, seu preço alto apenas afasta os consumidores.

Além do mais, o lugar para estabelecer o preço alto é no anúncio, e não na loja. O preço (alto ou baixo) é um atributo do produto como qualquer outro.

Se você faz corretamente o seu trabalho de posicionamento, não há surpresa na hora da compra. Seu anúncio não precisa citar o preço exato, embora às vezes valha a pena fazer isso. O que ele deve fazer é posicionar claramente sua marca em uma categoria de preço específica.

A brecha do preço baixo

A direção oposta à do preço alto também pode ser um rumo proveitoso a tomar.

Ao avaliar o preço como uma possível brecha, tenha em mente que preço baixo é freqüentemente uma boa escolha para novos produtos, como equipamentos de fax e aparelhos de videoteipe (se as coisas não funcionarem bem, não se perde muito dinheiro).

A brecha de preço alto é uma boa escolha para produtos antigos e bem estabelecidos como automóveis, relógios e aparelhos de televisão – especial-

[2] A palavra Joy, marca do perfume de Jean Patou que era considerado o mais caro do mundo na época em que o livro foi escrito, significa "alegria". Isso permite que a frase também possa ser lida como "Há apenas uma alegria: o perfume mais caro do mundo".

mente os produtos com cujo serviço de manutenção e conserto o cliente não está satisfeito.

O recente lançamento de marcas genéricas ("sem nome") de alimentos é uma tentativa de explorar a brecha de preço baixo no supermercado (embora, com o passar dos anos, a ênfase dos varejistas nas políticas de volume de vendas e preços baixos tenha eliminado as oportunidades nessa direção).

Quando você combina as três estratégias de preço (alto, padrão e baixo), normalmente tem uma forte abordagem de marketing. Isso é o que a Anheuser-Busch fez com a Michelob, a Budweiser e a Busch (sua cerveja mais barata).

A marca mais fraca, naturalmente, é a Busch, por causa do nome fraco e da falta de um firme conceito de posicionamento. Por que razão o proprietário do negócio colocou seu nome justamente em seu produto mais barato?

Um nome melhor para uma cerveja barata é Ould Milwaukee, que é a líder de vendas em sua categoria.

Outras brechas eficazes

O sexo é uma delas. Marlboro foi a primeira marca dos Estados Unidos a estabelecer uma posição masculina no setor de cigarros, razão pela qual as vendas dessa marca da Phillip Morris subiram com regularidade. Do quinto lugar em vendas, a marca chegou ao primeiro lugar em um período de 10 anos.

O *timing* é fundamental. Em 1973, a Lorillard tentou lançar sua própria marca masculina chamada Luke. O nome era excelente, a embalagem era ótima, a publicidade era brilhante. "De Kankakee a Kokomo, Luke se movimenta, livre e lento."

A única coisa errada foi o *timing*. Ele chegou com um atraso de aproximadamente 20 anos. O Luke realmente se movimentou com lentidão, de modo que a Lorillard o eliminou.

Quando se posiciona um produto, nada substitui a vantagem de chegar em primeiro lugar.

O que a masculinidade fez pela marca Marlboro, a feminilidade fez pela Virginia Slims, marca de cigarros que conquistou uma participação substancial com a abordagem oposta. Mas Eve, uma marca do tipo "eu também" que tentou conquistar o público feminino, foi um fracasso. Eve estava atrasada demais.

Quando você usa o sexo para segmentar uma categoria de produtos e estabelecer uma posição, a abordagem óbvia nem sempre é a melhor.

Veja, por exemplo, o que acontece com os perfumes. Você pode achar que, quanto mais delicada e feminina é a marca, mais bem-sucedida ela será. Qual é a marca de perfume que mais se vende no mundo?

Não, não é o Arpège, nem o Chanel nº 5. É o Charlie da Revlon. A primeira marca que tentou um nome masculino com publicidade masculina.

A marca que o copiou, "Just Call Me Maxi" ("Me Chame Só de Maxi"), não apenas foi malfeita, mas também parece que custou o emprego do presidente da Max Factor.

A história de sucesso do Charlie ilustra o paradoxo das categorias de produto bem estabelecidas, como o perfume. A massa do negócio vai para uma direção (marcas com nomes femininos), mas a oportunidade vai para outra (marca com nome masculino).

A idade é outra estratégia de posicionamento que se deve usar. O tônico Geritol é um bom exemplo de produto bem-sucedido enfocado nas pessoas mais velhas.

O creme dental Aim é um bom exemplo de produto para crianças. A Aim obteve 10% de participação em cremes dentais, o que é uma tremenda realização em um mercado dominado por duas marcas poderosas, a Crest e a Colgate.

O momento do dia também é uma possibilidade de posicionamento. O Nyquil, primeiro remédio para resfriados para ser tomado à noite, é exemplo disso.

A distribuição é outra possibilidade. L'eggs foi a primeira marca de meias a ser distribuída em supermercados e outros canais de massa. L'eggs é atualmente a marca líder, com vendas na faixa de centenas de milhões de dólares.

Outra possibilidade é a posição para os grandes consumidores de determinado produto. "A única cerveja para tomar quando você está tomando mais de uma" posicionou a Schaefer como a marca do grande consumidor de cerveja.

A brecha da fábrica

Um erro comum quando se procura por brechas é preencher uma lacuna da fábrica, em vez de preencher a lacuna da mente.

O Ford Edsel é um exemplo clássico disso. Em meio às risadas que acompanharam o enterro do pobre Edsel, a maioria das pessoas não entendeu o que aconteceu.

Na essência, o pessoal da Ford deu uma guinada. O Edsel era um belo caso de posicionamento interno para preencher um buraco entre o Ford e o Mercury, de um lado, e o Lincoln, do outro.

Boa estratégia dentro da fábrica. Má estratégia fora dela, onde simplesmente não havia uma posição para esse carro em uma categoria já saturada com muitos produtos cromados de preço médio.

Se o Edsel tivesse sido rotulado como um carro de "alto desempenho" e tivesse sido apresentado em um formato reluzente com duas portas e bancos cilíndricos, e se tivesse recebido um nome condizente com essa proposta, ninguém teria dado risada. Ele poderia ter ocupado uma posição que ninguém ainda possuía, e o final da história poderia ter sido diferente.

Outro erro do tipo "aproveitar o espaço da fábrica" foi o *National Observer*, primeiro jornal semanal dos Estados Unidos.

A Dow Jones, mãe coruja do *Observer*, também publica *The Wall Street Journal*, mas apenas cinco dias por semana. *Voilà*, você pode ouvir alguém dizer. Vamos aproveitar a fábrica para lançar um jornal semanal. Desse modo, usaremos gratuitamente as impressoras pesadas do *Journal*, que ficam ociosas no sábado.

Mas onde é que estava a brecha na mente do potencial cliente? Era possível que ele já tivesse assinado *Time, Newsweek, U.S. News & World Report* e outras revistas de semanais.

Ah, você diz. Mas o *National Observer* é um jornal semanal, e não uma revista. Só que isso é jogo semântico. Os potenciais clientes não viram nenhuma diferença entre os dois.

A armadilha da tecnologia

Até mesmo a grande realização técnica de um laboratório poderá fracassar se não houver nenhuma brecha para ele na mente das pessoas.

Em 1971, a Brown-Forman Distillers lançou o Frost 8/80, o primeiro uísque "branco e seco".

O Frost 8/80 poderia ter sido um grande sucesso. Havia uma grande brecha ali. Não havia nenhum outro uísque branco e seco. Como disse o presidente da Brown-Forman, William F. Lucas, "ele foi recebido com um grande aplauso do nosso pessoal e um ranger de dentes dos nossos concorrentes".

Entretanto, menos de dois anos depois, o Frost 8/80 estava morto. Foi um fracasso multimilionário. As vendas haviam totalizado apenas cem mil embalagens, um terço das projeções da empresa.

O que deu errado? Observe o apelo do posicionamento do ponto de vista do potencial cliente.

O primeiro uísque branco? Não é verdade. Existem pelo menos outros quatro. Seus nomes são gim, vodca, rum e tequila.

De fato, os anúncios do Frost 8/80 encorajavam os possíveis clientes a encarar o novo uísque como substituto para outros tipos de bebida destilada. Segundo os anúncios, o Frost 8/80 podia ser utilizado como vodca ou gim em martínis e como *scotch* ou *bourbon* em *manhattans* e *whisky sours*.

Não tente enganar o potencial cliente. A publicidade não é um debate. Ela é uma sedução.

O possível cliente não vai ficar sentado para escutar os pontos mais sutis da sua lógica verbal. Como disse o político, "se parece com pato e anda como pato, para mim é pato".

A armadilha de todo mundo

Alguns profissionais do marketing rejeitam o conceito de "procurar a brecha". Eles não querem ficar presos a uma posição específica porque acreditam que isso limita suas vendas. Ou suas oportunidades.

Elas querem ser tudo para todas as pessoas.

Anos atrás, quando havia muito menos marcas e muito menos publicidade, fazia sentido tentar apelar para todo mundo.

Na política, assumir uma posição forte a respeito de qualquer coisa costumava ser suicídio para qualquer político. Não se deve pisar no pé de ninguém.

Mas hoje, na arena de produtos e na arena política, você tem de assumir uma posição. Há demasiados concorrentes lá fora. Você não pode vencer sem fazer inimigos e querendo ser tudo para todo mundo.

Para vencer no ambiente competitivo atual, você tem de sair e fazer amigos, cavar um nicho específico no mercado. Ainda que você perca alguns deles ao fazer isso.

Hoje, a armadilha de atender a "todo mundo" pode mantê-lo na superfície se você já está bem estabelecido ou se já possui uma participação de mercado substancial. Mas ela é fatal se você quer construir uma posição a partir do nada.

capítulo 8

REPOSICIONANDO A CONCORRÊNCIA

Chega um momento em que você não consegue encontrar uma brecha. Com centenas de variedades em cada categoria de produtos no mercado, as chances de se encontrar uma lacuna aberta são hoje muito pequenas.

Por exemplo, veja o supermercado que você freqüenta, com 12 mil produtos ou marcas diferentes em exibição. Isso significa que uma pessoa jovem tem de organizar e catalogar 12 mil nomes diferentes no cérebro.

Quando você considera que o formando médio de faculdade tem um vocabulário oral de apenas 8.000 palavras, pode entender o tamanho do problema.

O garoto ou a garota passa quatro anos na faculdade e acaba com 4.000 palavras de defasagem em relação à lista do supermercado.

Criando sua própria brecha

Diante da superabundância de produtos em todas as categorias, como é que uma empresa utiliza a publicidade para abrir caminho na mente do consumidor? A estratégia básica subjacente de marketing tem de ser o "reposicionamento da concorrência".

Como há poucas brechas a preencher, uma empresa deve criar uma brecha para reposicionar os concorrentes que já ocupam posições na cabeça das pessoas.

Em outras palavras, para colocar uma idéia nova ou um produto novo na mente das pessoas, primeiro você tem de tirar uma que já se encontre lá.

"O mundo é redondo", disse Cristóvão Colombo. "Não, não é", disse o povo, "ele é plano".

Para convencer as pessoas do contrário, os cientistas do século XV primeiramente tiveram de provar que o mundo não era plano. Um de seus argumentos mais convincentes foi o fato de que os marinheiros, quando estavam navegando, conseguiam ver primeiro o topo dos mastros dos navios que se aproximavam, depois, as velas e, por fim, o casco. Se o mundo fosse plano, eles veriam o navio inteiro de uma só vez.

Uma simples observação que as pessoas podiam verificar por conta própria foi mais eficaz que todos os argumentos matemáticos do mundo.

Freqüentemente, assim que uma idéia é revogada, vender a nova idéia é absurdamente simples. De fato, as pessoas costumam buscar ativamente uma nova idéia para preencher o vazio.

Nunca tema entrar em conflitos. O ponto crucial de um programa de reposicionamento é acabar com um conceito, produto ou pessoa que já existe.

O conflito, mesmo que seja um conflito pessoal, é capaz de construir uma reputação do dia para a noite. O que seria de Sam Ervin sem Richard Nixon?

E, a propósito, o que seria de Richard Nixon sem Alger Hiss?

Ralph Nader ficou famoso, não por ter dito algo a respeito de Ralph Nader[1], mas por ter atacado com as mãos vazias a maior corporação do mundo.

As pessoas gostam de ver o balão estourar.

O reposicionamento da aspirina

O Tylenol foi lá e estourou o balão da aspirina.

"Para os milhões de pessoas que não devem tomar aspirina", diziam os antigos anúncios de Tylenol. "Se o seu estômago é sensível... ou se você tem uma úlcera... ou se sofre de asma, alergia ou anemia por deficiência de ferro, é melhor consultar seu médico antes de tomar uma aspirina."

---

[1] Ralph Nader é um advogado que se tornou famoso por suas campanhas a favor dos direitos do consumidor na década de 1960. Também defendeu o feminismo, o humanitarianismo, a ecologia e a democracia, e vem criticando a política internacional dos Estados Unidos, que considera corporativista e imperialista. Candidatou-se a Presidente dos Estados Unidos em 1996, 2000 e 2004.

E o anúncio do Tylenol continuava: "A aspirina irrita as paredes do estômago, desencadeia reações alérgicas ou asmáticas e causa pequenas hemorragias ocultas no aparelho gastrointestinal.

Felizmente, existe o Tylenol..."

Sessenta palavras de texto antes de se fazer qualquer menção ao produto anunciado.

As vendas do acetaminofen Tylenol decolaram. Hoje, o Tylenol é a marca número um entre os analgésicos. Está à frente do Anacin, da Bayer, do Buferin e do Excedrin. Uma estratégia de reposicionamento simples, mas eficaz, fez todo o serviço.

Contra uma instituição como a aspirina. Impressionante.

O reposicionamento da Lenox

Para que uma estratégia de reposicionamento funcione, você tem de dizer alguma coisa sobre o produto do concorrente que leve o cliente em potencial a mudar de idéia, não sobre o produto que você oferece, mas sobre o produto do concorrente.

"Royal Doulton. A porcelana de Stoke-on-Trent, na Inglaterra, *versus* Lenox, a porcelana de Pomona, Nova Jersey."

Observe como a Royal Doulton reposiciona a porcelana Lenox, produto que muitos compradores pensavam ser importado (Lenox parece ser um nome inglês, não parece?).

A Royal Doulton deve um aumento de participação de mercado de 6% exclusivamente a esse anúncio.

O falecido Howard Gossage costumava dizer que o objetivo de seu anúncio não deve ser, de maneira alguma, comunicar-se com seus consumidores e clientes, mas aterrorizar os redatores da concorrência, e há algo de verdadeiro nisso.

O reposicionamento das vodcas norte-americanas

"Muitas das vodcas norte-americanas parecem ser russas", dizia o anúncio. E os letreiros diziam: "Samovar: fabricada em Schenley, Pensilvânia. Smirnoff: fabricada em Hartford, Connecticut. Wolfschmidt: fabricada em Lawrenceburg, Indiana".

O anúncio continuava: "A Stolichnaya é diferente. Ela é russa." E sua garrafa diz, no rótulo: "Fabricada em Leningrado, Rússia."

Como resultado, as vendas da Stolichnaya começaram a aumentar rapidamente. Nem precisava dizer.

Mas, por que essa necessidade de criticar a concorrência? Será que a PepsiCo, importadora da marca Stolichnaya, não podia simplesmente ter anunciado o produto como a "vodca russa"?

É claro que podia. Mas isso presumiria que o comprador de vodca tivesse um grau de interesse no produto que ele simplesmente não tinha.

Quantas vezes você já pegou uma garrafa de bebida alcoólica e leu o rótulo para saber onde ela era feita? Além do mais, os nomes em si (Samovar, Smirnoff, Wolfschmidt, Popov, Nikolai) implicam uma origem russa. Este último fator é que foi responsável pelo sucesso estrondoso da Stolichnaya.

As pessoas gostam de ver quando os ricos e poderosos ficam expostos. Observe como outro anúncio de vodca acabou favorecendo a Stolichnaya:

> "Era a Idade de Ouro na Rússia. Naquela época em que as lendas ainda viviam, o Czar se destacava como um gigante entre os outros homens. Ele era capaz de dobrar uma barra de ferro no joelho nu ou esmagar um rublo de prata com o punho. E tinha uma sede de viver que nenhum outro homem tinha. E sua bebida era a vodca genuína. A vodca Wolfschmidt."

Então o leitor virava a página e encontrava o anúncio da Stolichnaya que dizia que a Wolfschmidt era fabricada em Lawrenceburg, Indiana.

Logo em seguida, ocorreu a invasão do Afeganistão e, de repente, a Stolichnaya se viu com problemas. Mas apenas por algum tempo. Depois de poucos meses, a tempestade passou e a Stolichnaya voltou mais forte que nunca.

O reposicionamento da Pringle's

O que aconteceu com as batatas fritas da Pringles? Lançadas com uma fanfarra de 15 milhões de dólares da Procter & Gamble, as novas batatas fritas rapidamente abocanharam 18% do mercado.

Então as marcas antigas, como a Borden's Wise, rebateram com uma estratégia de reposicionamento clássica.

Os rótulos dos dois produtos foram lidos na televisão. "Na Wise, você encontra batatas. Óleo vegetal. Sal. Na Pringles, você encontra batatas desidratadas.

Mono e diglicérides. Ácido ascórbico. Butilato de hidroxianisole."

As vendas da Pringles despencaram. De respeitáveis 18% do mercado de batatas chips, elas caíram para 10%. Para bem longe do objetivo de 25% da P&G.

E o que é estranho: as pesquisas revelaram outro problema. A queixa mais comum contra a Pringles é que as batatas têm "gosto de papelão".

É exatamente o que se pode esperar de um consumidor exposto a palavras como "diglicérides" e "butilato de hidroxianisole". O gosto, estético ou gustativo, está situado na mente. Seus olhos vêem o que você espera ver. Sua língua reage como você espera que ela reaja.

Se você fosse forçado a beber uma dose de óxido de dihidrogênio, sua reação provavelmente seria negativa. Se pedisse um copo de água, poderia até gostar dele.

É verdade. Não há diferença no palato. A diferença está no cérebro.

Recentemente, o colosso de Cincinnati mudou sua estratégia. A Pringles se tornaria um produto "totalmente natural".

Mas o estrago já estava feito. Na política, ou no setor de produtos embalados, a regra é: uma vez perdedor, sempre perdedor. Seria mais difícil trazer de volta a Pringles do que Jimmy Carter.

Em algum canto do cérebro, há uma caixinha marcada "perdedor". Quando o seu produto cai lá dentro, o jogo termina.

Volte para a casa um e comece tudo de novo. Com um novo produto e um novo jogo.

Entre todas as empresas, a Procter & Gamble é a que mais deveria conhecer o poder do reposicionamento. E deveria ter dado alguns passos à frente para proteger a Pringles.

O reposicionamento do Listerine

Um dos programas mais poderosos da P&G foi o do enxaguatório bucal Scope. A P&G utilizou duas palavras para reposicionar o Listerine, o Rei da Halitose:

"Hálito medicinal."

Essas duas palavras bastaram para torpedear o tema extremamente bem-sucedido do Listerine, que era "o sabor que você detesta, duas vezes por dia".

O ataque do Scope conseguiu tirar alguns poucos pontos de participação de mercado do Listerine, que estava na liderança, e estabeleceu firmemente o Scope no segundo lugar.

A batalha entre o Listerine e o Scope acarretou as baixas comuns. O Micrin e o Binaca despencaram. O Lavoris viu minguar sua participação de mercado.

Mas encaremos os fatos. O Scope não se tornou o sucesso de mercado que prometia ser.

Por quê? Preste atenção nesse nome uma vez mais.

Scope? Esse nome soa como um jogo de tabuleiro dos Irmãos Parker. Não como um enxaguatório bucal refrescante que o fará ter sucesso com o sexo oposto. Se o Scope tivesse recebido um nome como o do creme dental Close-Up, teria tido um sucesso de vendas condizente com sua brilhante estratégia de reposicionamento.

Anúncios de reposicionamento *versus* anúncios comparativos

O sucesso dos programas de reposicionamento de Tylenol, Scope, Royal Doulton e outros produtos deu origem a uma infinidade de programas de publicidade semelhantes. Freqüentemente, porém, as cópias de campanhas perdem a essência da estratégia de reposicionamento.

"Somos melhores que os nossos concorrentes" não é reposicionamento. É publicidade comparativa, e isso não é muito eficaz. Há uma falha psicológica no raciocínio do anunciante que o consumidor detecta rapidamente. "Se sua marca é tão boa assim, por que então não é a líder?"

Uma olhada nos anúncios comparativos sugere por que a maior parte deles não é eficaz. Eles falham no reposicionamento da concorrência.

Em vez de reposicionar o concorrente, eles o utilizam como referência para sua própria marca. Então, dizem ao leitor ou espectador como são melhores. E é exatamente isso que o consumidor espera que o publicitário diga.

Um anúncio recente do desodorante Ban dizia: "Ban é mais eficaz que Right Guard, Secret, Sure, Arrid Extra Seco, Mitchum, Soft&Dry, Body All e Dial". O leitor vê um anúncio como esse e pergunta: "E qual é a novidade?"

O reposicionamento é legal?

Se a crítica negativa fosse ilegal, todos os políticos estariam na cadeia (e muitos maridos e esposas também estariam em grandes apuros).

Na verdade, a Federal Trade Commission (Comissão Federal de Comércio) merece muito crédito por ter possibilitado a veiculação dos anúncios de reposicionamento – pelo menos na televisão.

Em 1964, a National Broadcasting Company parou de censurar a publicidade comparativa. Mas nada aconteceu. Era caro produzir os comerciais, e poucos publicitários queriam produzir duas versões deles – uma para ser divulgada na NBC e uma para ser mostrada nas duas outras redes de televisão.

Portanto, em 1972, a FTC insistiu para que a American Broadcasting Company e a Columbia Broadcasting System permitissem comerciais que mencionassem marcas rivais.

Tradicionalmente, as agências-membros da American Association of Advertising Agencies (Associação Norte-americana de Agências de Publicidade) desencorajavam o uso de anúncios comparativos. Então, em 1974, a 4As emitiu novas diretrizes para anúncios comparativos que representavam uma completa reviravolta em relação à política anterior.

Em 1975, a Independent Broadcasting Authority (Autoridade de Transmissão Independente), que controla o rádio e a televisão na Grã-Bretanha, deu o sinal verde para anúncios "demolidores" no Reino Unido.

Desse modo, o reposicionamento vem sendo "legal" há pelo menos uma década.

O reposicionamento é ético?

No passado, a publicidade era preparada isoladamente. Ou seja, você estudava o produto e as características dele, e depois preparava os anúncios que comunicavam, a seus clientes e potenciais clientes, os benefícios dessas características. Não fazia muita diferença se os concorrentes também ofereciam essas características ou não.

Na abordagem tradicional, você ignorava a concorrência e fazia parecer que cada argumento estava sendo apresentado pela primeira vez. Mencionar um produto concorrente era considerado uma estratégia fraca e de mau gosto.

Na era do posicionamento, porém, as regras foram invertidas. Para estabelecer uma posição, muitas vezes você deve não apenas mencionar os nomes dos concorrentes, mas também ignorar a maior parte das antigas regras da publicidade.

Em cada categoria, o potencial cliente já sabe quais são as vantagens de utilizar o produto. Para subir na escada de produtos, você tem de relacionar sua marca com as que já se encontram na cabeça dele.

Mas embora os programas de reposicionamento sejam eficazes, eles provocam uma infinidade de queixas. Muitas pessoas ligadas à publicidade condenam o uso de táticas desse tipo.

Um dos antigos publicitários diz o seguinte a esse respeito: "os tempos mudaram. Os publicitários já não se contentam mais em vender agressivamente seus próprios produtos com base nos méritos que eles têm. O tema agora é mostrar que o seu produto é melhor que qualquer outro. É uma situação deplorável, com a TV como a maior ofensora, já que ela denigra os produtos concorrentes aos olhos de milhões de pessoas. Deveria haver algum tipo de regulamentação para restringir esse tipo de marketing sem ética".

"A publicidade comparativa não é contra a lei", disse o presidente de uma das dez maiores agências de publicidade, "nem deveria ser. Mas praticá-la como fazemos hoje é zombar das pretensões à cultura e ao refinamento, e do comportamento empresarial decente."

Não se pode ter tudo. Se você quer cultura e refinamento, deve produzir óperas. Se quer ganhar dinheiro, deve produzir filmes.

Cultura e refinamento podem ser qualidades admiráveis, mas não na publicidade.

Será que uma sociedade está doente quando as pessoas se dispõem a acreditar no pior e se recusam a acreditar no melhor, a respeito de um produto ou pessoa?

Será que os jornais estão errados ao colocar as más notícias na primeira página e as boas notícias no final (se é que colocam alguma), juntamente com as colunas sociais?

A indústria da comunicação é como a fofoca. Ela se alimenta das más notícias, e não das boas.

Essa pode não ser sua idéia de como as coisas devem ser. Mas é assim que elas são.

Para ter sucesso nessa nossa sociedade supercomunicativa, você tem de jogar segundo as regras que ela estabelece. Não segundo as suas próprias.

Mas não se desencoraje. Um pouco de crítica negativa pode ser preferível, a longo prazo, a um monte de ostentação convencional.

Feita com honestidade e justiça, ela mantém a concorrência nas pontas dos pés.

capítulo 9

O PODER DO NOME

O nome é o gancho que pendura a marca na escada de produtos que há dentro da mente do consumidor. Na era do posicionamento, a decisão de marketing mais importante que você pode tomar é escolher o nome do produto.

Shakespeare estava errado. Se a rosa tivesse qualquer outro nome, não teria o mesmo perfume. Não apenas você vê o que quer ver, mas também cheira o que quer cheirar. É por isso que a decisão mais importante no marketing do perfume é o nome que você decide dar à marca.

Será que "Alfred" teria vendido tão bem quanto "Charlie"? Não aposte nisso.

A Hog Island (Ilha do Porco), no Caribe, não estava indo para lugar nenhum até que seu nome foi mudado para Paradise Island (Ilha do Paraíso).

Como escolher um nome

Você não deve buscar orientação no passado e escolher o nome de um corredor de automóveis francês (Chevrolet) ou a filha de seu representante em Paris (Mercedes).

O que funcionou no passado não vai funcionar necessariamente agora ou no futuro. Antigamente, quando havia menos produtos e o volume de comunicação era menor, o nome não era nem um pouco importante.

Hoje, porém, um nome frouxo, que não diz nada, não é bastante bom para penetrar na mente das pessoas. O que você precisa procurar é um nome que inicie o processo de posicionamento, um nome que diga ao potencial cliente qual é o maior benefício do produto.

Como o xampu Head & Shoulders (Cabeça e Ombros), a loção Intensive Care (Cuidado Intensivo) e o creme dental Close-up (Primeiro Plano).

Ou como DieHard (Difícil de Morrer) para uma pilha de longa duração. Shake 'n Bake (Sacudir e Assar) para uma nova maneira de preparar um frango. Edge (Borda) para um creme de barbear que deixa você passar a lâmina mais rente ao rosto.

Mas um nome não deve "ultrapassar as bordas", isto é, ficar tão perto do próprio produto a ponto de tornar-se genérico (um nome geral para todos os produtos de sua classe), em vez de ser um nome comercial para uma marca específica.

"Lite beer from Miller" ("Cerveja leve da Miller") é um típico nome de produto que ultrapassou as bordas. De modo que, agora, temos Schlitz Light, Coors Light, Bud Light e uma infinidade de outras cervejas leves. O público e a imprensa rapidamente corromperam o nome para "Miller Lite", e assim a Miller perdeu o direito ao uso exclusivo de "light", ou seu equivalente fonético, como marca registrada de sua cerveja.

Por muitos anos ainda, os advogados de registro de marcas usarão Lite como exemplo do perigo de se utilizar uma palavra descritiva como marca registrada (os advogados adoram nomes inventados, como Kodak e Xerox).

Escolher um nome é como dirigir um carro de corrida. Para vencer, você tem de correr riscos. Tem de escolher nomes que sejam quase, mas não inteiramente, genéricos. Se, uma vez ou outra, você se desviar do caminho e entrar em território genérico, paciência. Nenhum campeão chegou ao pódio sem derrapar algumas vezes.

Um nome forte, descritivo, quase genérico, impedirá seus concorrentes da espécie "eu também" de exercitar os músculos dentro do seu território. Um bom nome é o melhor seguro para o sucesso a longo prazo. *People* (*Gente*) é um nome brilhante para a revista de fofocas. É um sucesso garantido. A cópia do tipo "eu também", a revista *Us* (*Nós*), está com problemas.

Como não escolher um nome

Já o nome *Time* (*Tempo*) não é tão bom para uma revista semanal como o mais genérico *Newsweek* (*Semana de Notícias*).

Time foi a primeira revista semanal e seu sucesso é evidente. Mas a *Newsweek* não fica muito atrás (na verdade, a *Newsweek* vende mais páginas de publicidade por ano que a *Time*).

Muitas pessoas pensam que *Time* é um excelente nome para uma revista. E, de certo modo, é mesmo. Curto, atraente, fácil de lembrar. Mas é também sutil e traiçoeiro (poderia indicar uma revista especializada em relógios).

Fortune (*Fortuna*) é outro nome que tem o mesmo feitio (poderia tratar-se de uma revista para corretores, negociantes de *commodities* ou jogadores). Ele não é claro. *Business Week* é muito melhor. Também a revista é mais bem-sucedida.

Os nomes também saem de moda, o que abre brechas para concorrentes que estejam alertas.

Esquire (*Ilustríssimo Senhor, Cavalheiro*) foi um grande nome para uma revista destinada aos jovens que viviam na cidade. Isso quando eles costumavam assinar-se John J. Smith, Esquire (Ilustríssimo Cavalheiro John J. Smith). Mas a *Esquire* perdeu a liderança para a *Playboy*. Todo mundo sabe o que é um playboy e no que ele está interessado. Em garotas, certo? Mas o que é um *esquire*, um cavalheiro? E no que ele está interessado?

Durante muitos anos, a *Yachting* liderou as publicações sobre assuntos marítimos. Mas, hoje, quantos cavalheiros possuem iates? Assim, a cada ano, as vendas da *Sail Magazine* (Revista de Viagens Marítimas) aproximam-se mais das vendas da *Yachting*.

Quando praticamente toda a publicidade era feita em jornais e revistas, *Printer's Ink* (*Tinta de Impressora*) era um bom nome para uma revista de publicidade. Mas, atualmente, o rádio e a televisão são tão importantes quanto a imprensa. Portanto, a *Printer's Ink* está morta e a *Advertising Age* (*Era da Publicidade*) reina suprema.

Uma das publicações mais fortes no mundo, atualmente, é *The Wall Street Journal* (*O Diário de Wall Street*). Ele não tem concorrentes. Mas *The Wall Street Journal* é um nome fraco para um jornal diário de negócios. O nome implica uma orientação financeira específica, mas a publicação cobre a área de negócios em geral.

É a partir dessas observações que se criam as oportunidades.

Os engenheiros e os cientistas que se apaixonam pelas próprias criações são responsáveis por alguns nomes horrorosos. Nomes como XD-12, por exemplo (que presumivelmente significa desenho experimental número 12).

Trata-se de brincadeiras internas que não fazem sentido na mente do cliente.

Veja, por exemplo, o Mennen E. As pessoas são literais e entendem as coisas literalmente. O desodorante Mennen E foi destinado ao fracasso, apesar de ter feito uma campanha de lançamento de dez milhões de dólares. O problema era o nome no frasco. O anúncio de lançamento chegou até a admitir que a idéia era um pouco incomum. "É incrível, mas a vitamina E é desodorante".

É incrível, mesmo. Isto é, a não ser que eles estivessem tentando atrair as pessoas que queriam ter as axilas mais fortes, mais bem alimentadas e mais saudáveis do país. O Mennen E não durou muito.

E o que dizer do Breck One e da Colgate 100? Marcas como essas não significam nada.

Com pequenas diferenças em muitas categorias de produtos, um nome melhor pode significar uma diferença de milhões de dólares em vendas.

Quando utilizar um nome inventado

E o que dizer do sucesso evidente de empresas com nomes inventados, como Coca-Cola, Kodak e Xerox?

Uma das coisas que torna a idéia de posicionamento difícil para muitas pessoas é a dificuldade de entender o papel do *timing* nessa história.

A primeira empresa que penetra na mente das pessoas com um novo produto ou uma nova idéia fica famosa. Não importa se o nome é Lindberg ou Smith ou Rumplestiltskin.

A Coca-Cola foi a primeira que apresentou uma bebida à base de cola. A Kodak foi a primeira em fotografias de baixo custo. A Xerox foi a primeira em copiadoras em papel simples.

Observe o nome "Coke". Por causa do sucesso da Coca-Cola, o apelido Coke adquiriu aquilo que os semanticistas denominam um significado secundário.

Você batizaria um refrigerante com um nome que significa "o resíduo do carvão queimado na ausência de ar"? Ou com o nome que se dá, nas ruas, ao narcótico "cocaína"?

O significado secundário da palavra Coke é tão forte que a Coca-Cola Company nada tem a temer dessas conotações negativas.

Mas escolher um nome inventado como Keds, Kleenex e Kotex para um novo produto é, para dizer o mínimo, perigoso. Apenas quando você é o primeiro a entrar na mente das pessoas com um produto absolutamente novo, um produto que elas certamente irão querer, é que pode se dar o luxo de escolher um nome que não significa nada.

Nesse caso, é claro, qualquer nome funciona.

Portanto, fique com as palavras descritivas comuns (Spray 'n Wash – Borrifar e Enxaguar) e evite as palavras inventadas (Qyx).

Uma orientação: as cinco letras iniciais mais comuns são S, C, P, A e T. As cinco menos comuns são X, Z, Y, Q e K. Uma em cada oito palavras em inglês começa com S. Uma em cada 3.000 começa com X.

Nomes negativos podem ser positivos

A tecnologia continua criando produtos novos e aperfeiçoados. Porém, eles freqüentemente são marcados ao nascer por imitações de segunda categoria.

Veja a margarina, por exemplo. Mesmo que o produto já exista há décadas, ainda é percebido como imitação da manteiga (não é bom enganar a Mãe Natureza).

Se um nome melhor tivesse sido escolhido no início, teria ajudado. Como é que a margarina devia ter sido chamada? "Manteiga de soja", naturalmente – nome que segue a tradição da manteiga de amendoim.

O problema psicológico de um nome como "margarina" é que ele é enganador. Ele esconde a origem do produto.

Todos sabem que a manteiga é feita de leite. Mas do que é feita a margarina? Como a origem do produto está oculta, o potencial cliente presume que há algo fundamentalmente errado com a margarina.

Tirando o produto do armário

O primeiro passo para ultrapassar as reações negativas é tirar o produto do armário. Polarizar deliberadamente a situação utilizando um nome negativo, como manteiga de soja.

Depois que isso é feito, torna-se possível desenvolver um programa de longo prazo para anunciar as vantagens da manteiga de soja em relação à manteiga de leite. Um ingrediente essencial desse tipo de programa é o "orgulho da origem" que o nome "soja" conota.

O mesmo princípio está envolvido na mudança da expressão "*colored*" ("de cor") para negro ou preto.

"Negra" é um nome de margarina que relaciona para sempre os negros a cidadãos de segunda categoria. "De cor" não polariza suficientemente a situação. A implicação é que, quanto menos cor, melhor.

"Preta" é uma escolha muito melhor. Ela permite o desenvolvimento de um "orgulho da negritude", primeiro passo essencial para a igualdade a longo prazo (você pode preferir ser branco, mas eu prefiro ser preto).

Ao nomear pessoas ou produtos, você não deve deixar seus concorrentes se apropriarem antecipada e injustamente das palavras de que você vai precisar para descrever seus produtos. Como manteiga, no caso da margarina. Ou açúcar, no caso de xarope de milho.

Alguns anos atrás, os cientistas descobriram um modo de fabricar adoçantes a partir do amido de milho. Resultado: produtos chamados xarope de milho e dextrose, e xarope de milho de alta frutose.

Com nomes como xarope de milho de alta frutose, não é de admirar que, mesmo no comércio, os produtos fossem considerados imitações ou produtos de segunda categoria em comparação com a sacarose ou "açúcar de verdade". Portanto, a Corn Products, uma das maiores fornecedoras de xarope de milho, decidiu chamar seu adoçante de "açúcar de milho". Essa jogada permitiu que a empresa colocasse o milho em pé de igualdade com a cana e a beterraba.

"Considere os três tipos de açúcar existentes", diz o anúncio. "Açúcar de cana, de beterraba e de milho."

O pessoal de marketing deveria saber que a Federal Trade Commission (Comissão Federal de Comércio) é a mantenedora dos genéricos para muitas indústrias. Mas a FTC pode ser persuadida. "Se não podemos chamar isso de açúcar, será que podemos colocar 'xarope de milho' em um refrigerante e dizer que o produto é *sugar-free* (sem açúcar)?"

Os grupos de interesse especial reconhecem o poder de um bom nome. O movimento *Right to Life* (Direito à Vida) e as leis de *fair trade* (comércio justo) são dois exemplos disso.

E que senador ou representante do povo ousaria opor-se a um projeto de lei denominado "Lei do Ar Puro"?

Ao trabalhar contra um conceito bem estabelecido como "comércio justo", é importante não tentar renomear a concorrência. Isso só causa confusão na audiência.

Para contrapor-se à ampla aceitação das leis de comércio justo por parte do consumidor, a oposição tentou denominar as leis de "manutenção de preço". Passaram-se muitos e muitos anos até que as leis de comércio justo fossem revogadas pelos vários estados que as haviam decretado.

Uma tática melhor é torcer o significado do nome, isto é, reposicionar o conceito utilizando as mesmas palavras para virar o significado do avesso. Um exemplo dessa tática seria algo como "Justo para o comércio, mas injusto para o consumidor".

Melhor ainda é renomear a oposição antes que o nome poderoso crie raízes. A estratégia de "manutenção de preços" provavelmente teria funcionado como bloqueio, mas apenas no início do jogo. Mais um exemplo da importância de ser o primeiro.

David e Michael, Hubert e Elmer

Apesar da crença comum de que o nome de uma pessoa é "apenas um nome", há cada vez mais provas de que ele representa um papel significativo no jogo da vida.

Dois professores de psicologia, Dr. Herbert Harari e Dr. John W. McDavid, tentaram descobrir por que as crianças da escola primária e do primeiro grau zombavam dos colegas que tinham nomes incomuns.

Para isso, eles fizeram a seguinte experiência: atribuíram nomes diferentes a composições supostamente escritas por alunos da quarta e da quinta séries. Dois conjuntos de nomes, especificamente, ilustraram a questão.

Em algumas das composições, havia dois nomes populares (David e Michael) e dois nomes impopulares (Hubert e Elmer). Todas as composições foram fornecidas a um grupo de professores do primário e do primeiro grau para receber notas (os professores que participaram da experiência não tinham motivo para acreditar que não estavam dando notas a tarefas escolares reais).

Você acredita que as composições que tinham os nomes de David e Michael receberam uma avaliação mais alta do que as mesmas composições atribuídas a Helmer e Hubert? "Os professores sabem, com base em experiências anteriores", disseram eles, "que um Hubert ou um Elmer geralmente é um perdedor".

E quanto a pessoas famosas que têm nomes esquisitos? Hubert Humphrey e Adlai Stevenson, por exemplo. Ambos perderam para homens com os nomes populares de Richard e Dwight.

E se Richard Humphrey tivesse se candidatado contra Hubert Nixon? Será que os Estados Unidos teriam elegido um Hubert Nixon?

Jimmy, Jerry, Richard, Lyndon, John, Dwight, Harry, Franklin. Desde que um Herbert ocupou a Casa Branca, nunca mais tivemos outro nome "perdedor".

E quem foi que Herbert Hoover derrotou nas eleições de 1928? Outro homem com nome perdedor, Alfred.

Em 1932, quando Herbert concorreu contra um nome "vencedor" como Franklin, ele perdeu. E perdeu feio.

O que é que se pode esperar de alguém com o nome de Edsel? Edsel foi um nome perdedor antes que a Ford aparecesse com o carro Edsel. E esse nome contribuiu para o desastre de marketing.

Veja o caso de Cyril e John. Segundo o psicólogo David Shepard, as pessoas que não conhecem ninguém com esses nomes esperam que Cyril seja sorrateiro e John, confiável.

Você vê o que espera ver. E um nome estranho ou inadequado cria uma reação em cadeia que apenas serve para confirmar sua opinião inicial desfavorável.

Elmer é um perdedor. Veja, ele não está fazendo bem esse trabalho. Eu lhe disse, Elmer é um perdedor.

Uma história verdadeira: um executivo de conta de um banco em Nova York chamava-se Young J. Boozer[1]. Um dia, quando um cliente pediu para falar com "Young Boozer", a telefonista perguntou: "Temos uma porção deles aqui. Com qual deles o senhor quer falar"?

Hubert e Elmer voando no céu

O nome é o primeiro ponto de contato que há entre a mensagem e a mente das pessoas.

Não é o fato de um nome ser bom ou ruim do ponto de vista estético que determina a eficácia da mensagem. É a adequação desse nome àquilo a que ele se refere.

Veja, por exemplo, a indústria de aviação. As quatro maiores empresas domésticas são United, American, Delta e...

[1] "Young", em inglês, significa "jovem" e "Boozer" soa como "beberrão".

Bem, você sabe qual é o nome da "segunda maior companhia aérea para passageiros entre todas as companhias aéreas do mundo livre", como diz um dos seus slogans de publicidade?

É isso mesmo. Eastern Airlines (Linhas Aéreas do Leste).

Como todas as companhias aéreas, a Eastern tem seus altos e baixos. Infelizmente, mais baixos que altos. Entre as quatro maiores companhias aéreas domésticas dos Estados Unidos, a Eastern fica constantemente em quarto lugar na preferência dos passageiros.

Por quê isso? A Eastern tem um nome regional que a coloca, na mente do potencial cliente, em uma categoria diferente daquela em que se encontram nomes de alcance nacional como American e United.

O nome Eastern coloca essa linha aérea na mesma categoria de Piedmont, Ozark e Southern.

Você vê o que espera ver. O passageiro que já teve uma experiência ruim com a American ou a United diz: "São coisas que acontecem". Uma exceção ao bom serviço que ele estava esperando.

Mas o passageiro que já teve uma experiência ruim com a Eastern diz: "É essa Eastern Airlines, outra vez". Uma continuação do serviço ruim que ele estava esperando.

Não é que a Eastern não tenha tentado. Alguns anos atrás, ela recrutou os melhores profissionais de marketing e deu uma boa acelerada. A Eastern foi uma das primeiras a "pintar os aviões", "melhorar a comida" e "uniformizar bem as aeromoças", na tentativa de melhorar sua reputação.

E a Eastern não tem sido nada modesta quando se trata de gastar dinheiro. Ano após ano, ela tem sido um dos melhores clientes de publicidade em sua indústria. Há poucos anos, gastou mais de 70 milhões de dólares em publicidade.

Com todo esse dinheiro, o que é que você acha da Eastern? Para onde você acha que ela voa? Para cima e para baixo na Costa Leste, para Nova York, Boston, Filadélfia, Washington e Miami, certo?

Bem, a Eastern também vai para St. Louis, Nova Orleans, Atlanta, Denver, Los Angeles, Seattle, Acapulco e Cidade do México.

Você não consegue pendurar as asas da empresa em um nome regional. Quando os potenciais clientes têm escolha, eles preferem a companhia aérea nacional, e não a regional.

O problema dessa companhia aérea é típico da dificuldade que as pessoas têm para separar a realidade da percepção que têm dessa realidade. Muitos profissionais de marketing experientes olham para a situação da Eastern e dizem: “não é o nome que traz problemas para a Eastern. É o serviço ruim, a comida, o tratamento da bagagem, as aeromoças mal-humoradas”. A percepção é a realidade.

E o que você acha da Piedmont Airlines? E da Ozark Airlines? E da Allegheny?

A Allegheny, é claro, jogou a toalha e tornou-se USAir. Até mesmo a North Central e a Southern desistiram, fizeram uma fusão e se tornaram Republic Airlines. Ambas estão indo muito bem.

As gêmeas de Akron

Outro problema causado pela escolha de um nome comum é ilustrado por duas empresas com sede em Akron, Ohio.

O que é que uma empresa faz quando seu nome (Goodrich) é parecido com o nome de outra empresa maior do mesmo setor (Goodyear)?

A Goodrich tem problemas. As pesquisas indicam que ela pode até reinventar a roda, mas o crédito disso vai para a Goodyear.

Como não é de surpreender, B. F. Goodrich reconhece o problema. Foi assim que ele se expressou em um anúncio, vários anos atrás:

> É a praga de Benjamin Franklin Goodrich. É o nome dele. É um cruel acidente do destino o fato de que o nome de nosso maior concorrente seja quase idêntico ao de nosso fundador. Goodyear. Goodrich. Terrivelmente confudível.

No fim do anúncio, ele diz: “Se você quer Goodrich, vai ter de se lembrar apenas de Goodrich”.

Em outras palavras, isso não é problema da Goodrich. É problema seu.

B. F. Goodrich foi a primeira empresa doméstica a comercializar pneus radiais com cinto de aço nos Estados Unidos. Porém, vários anos depois, quando perguntaram aos compradores de pneus qual era a empresa que fabricava pneus radiais com cinto de aço, 56% mencionaram a Goodyear, que nem sequer os fabricava para o mercado doméstico. Apenas 47% disseram Goodrich.

Como dizem em Akron, “A Goodrich inventa. A Firestone aperfeiçoa. A Goodyear vende”.

Todos os anos, a Goodyear aumenta sua liderança. Hoje, ela ultrapassa as vendas da Goodrich em três para uma. Portanto, os ricos ficam mais ricos. O que é justo.

Mas é estranho que os anúncios do perdedor continuem obtendo toda a notoriedade. O anúncio que dizia "Nós somos os outros caras" conseguiu muita atenção favorável da imprensa. Mas não muita dos compradores de pneus. O nome da Goodrich bastou para condená-la a engolir poeira de sua maior concorrente para sempre.

As trigêmeas de Toledo

Se as gêmeas da Akron causam tanta confusão, considere o apuro das trigêmeas de Toledo: Owens-Illinois, Owens-Corning Fiberglas e Libbey-Owens-Ford.

Elas também não são peixes pequenos. A Owens-Illinois é uma empresa de 3,5 bilhões de dólares. A Owens-Corning Fiberglas é uma empresa de três bilhões. E a Libbey-Owens-Ford é uma empresa de 1,75 bilhão.

Veja a confusão do ponto de vista da Owens-Corning Fiberglas.

Owens é um nome relacionado com Illinois. A Owens-Illinois é uma empresa maior, com mais direito de utilizar o nome Owens.

E Corning é um nome habitualmente relacionado a vidro. Em Corning, Nova York, encontra-se a Corning Glass Works, empresa de 1,7 bilhão de dólares. Ela teve êxito ao associar com firmeza o nome Corning ao conceito de vidro.

Portanto, o que restou para a Owens-Corning Fiberglass?

Fibra de vidro.

E é provavelmente por isso que a empresa publica anúncios que dizem "Owens-Corning is Fiberglas" ("Owens-Corning é Fibra de Vidro"). Em outras palavras, se você quer fibra de vidro, tem de lembrar-se da Owens-Corning.

Seria muito mais fácil se a empresa mudasse de nome para Fiberglas Corporation. Então, se você quisesse fibra de vidro (*fiberglas*, com efe minúsculo), bastaria lembrar-se de Fibra de Vidro (*Fiberglas*, com efe maiúsculo). Essa mudança ajudaria as pessoas a concentrar-se no principal objetivo da empresa, que é transformar fibra de vidro de um nome genérico em uma marca.

Mas, então o que você deve fazer se o seu nome é Hubert ou Elmer ou Eastern ou Goodrich ou Owens-Corning Fiberglas?

Mude de nome.

Mas a mudança de nome é rara, apesar de ser lógica. A maior parte das empresas está convencida de que depende muito do nome que leva. "Nossos clientes e empregados jamais aceitariam uma nova marca."

E o que dizer, então, de Olin e Mobil e Uniroyal e Xerox? E quanto à Exxon Corporation? Faz apenas alguns anos que a Exxon mudou seu nome de...

Bem, você lembra qual era o antigo nome da Exxon? Não, não era Esso e não era Humble Oil ou Enjay, embora a empresa tenha utilizado esses nomes em sua operação de marketing.

O antigo nome da Exxon Corporation era Standard Oil de Nova Jersey. É espantoso o que poucos anos e poucos dólares podem fazer.

Um nome ruim é apenas um patrimônio negativo. Quando o nome é ruim, as coisas tendem a ser ruins. Quando o nome é bom, tendem a melhorar.

Confusão continental

Você sabe qual é a diferença entre uma empresa de 4,6 bilhões de dólares chamada The Continental Group, Inc. e uma empresa de quatro bilhões de dólares denominada The Continental Corporation? Poucas pessoas sabem disso até descobrirem que The Continental Group é a maior fabricante de latas do mundo e a Continental Corporation é a grande companhia de seguros.

"Ah, sim. Latas Continental (Continental Can) e Seguros Continental (Continental Insurance). Agora eu sei a que empresas você se refere."

Por que razão uma empresa deixaria de lado as palavras "lata" e "seguros" para escolher o anonimato das palavras "grupo" e "corporação"? A resposta óbvia é que essas duas empresas vendem mais do que latas e seguros.

Mas será que é possível construir uma identidade sobre o nome de nada? É improvável, especialmente quando você considera a existência das outras empresas que também têm Continental no nome. Há Continental Oil, Continental Telephone, Continental Grain e Continental Illinois Corp. (todas elas, aliás, empresas de bilhões de dólares).

E o que acontece com a secretária a quem o chefe solicita: "ligue para a Continental"? Somente em Manhattan, há 235 entradas na lista telefônica que começam com Continental.

capítulo 10

A ARMADILHA DA AUSÊNCIA DE NOME

"Estou indo para L.A.", diz o executivo da empresa. "Depois, terei de viajar para Nova York." Por que é que costumam chamar Los Angeles de L.A., mas raramente chamam Nova York de N.Y.?

"Eu trabalhei aproximadamente dois anos na GE e depois fui para a Western Union." Por que a General Electric é geralmente denominada GE, mas a Western Union raramente é chamada WU?

A General Motors freqüentemente é GM, a American Motors é AM, mas a Ford Motor quase nunca é FM.

Taquigrafia Fonética

O princípio que está em funcionamento aqui é a taquigrafia fonética.

Ra-di-o Cor-po-ra-tion of A-me-ri-ca tem 12 sílabas. Não é de admirar que a maioria das pessoas utilize R-C-A, com apenas três sílabas.

Ge-ner-al E-lec-tric tem seis sílabas, de modo que as pessoas usam GE, duas sílabas.

Ge-ner-al Mo-tors geralmente é GM. A-mer-i-can Motors é AM. Mas quase nunca alguém se refere a Ford Mo-tor como FM. A única sílaba Ford diz tudo.

Mas quando não há vantagem fonética, a maioria das pessoas utiliza as iniciais. Nova York e N.Y. têm ambas duas sílabas. Portanto, embora as iniciais N.Y. sejam escritas com freqüência, elas raramente são faladas.

Los An-ge-les tem quatro sílabas, de modo que L.A. é mais usada. Observe também que São Fran-cis-co, de quatro sílabas, raramente é resumida para S.F. Por quê? Porque há uma palavrinha perfeita de duas sílabas (Frisco), que é a abreviatura de São Francisco. É por isso também que as pessoas dizem "Jer-sey" para Nova Jersey, em vez de "N.J."

Quando se tem a escolha entre uma palavra ou um conjunto de iniciais, ambos com a mesma dimensão fonética, as pessoas invariavelmente utilizam a palavra, e não as iniciais.

Mas, às vezes, a dimensão fonética pode nos enganar. As iniciais WU parecem ser um pouco mais curtas que o nome Western Union. Mas, foneticamente, elas têm exatamente o mesmo comprimento em inglês. Dá-blio U[1]. West-ern Un-ion (com exceção do W, todas as outras letras na língua inglesa têm apenas uma sílaba).

Embora os clientes se refiram às empresas foneticamente, as empresas sobre as quais eles se referem vêem a si mesmas de um modo diferente. Elas se preocupam com o aspecto visual. Elas têm muito trabalho para garantir que seus nomes tenham uma boa aparência, e não consideram como eles soam.

Taquigrafia visual

Os homens de negócios também caem nessa armadilha. A primeira coisa que eliminam é seu nome de batismo. Quando o jovem Edmund Gerald Brown começa a subir a escada executiva da General Manufacturing Corporation, ele imediatamente se torna E. G. Brown da GMC nas cartas e nos memorandos internos.

Mas, para ficar famoso, você tem de evitar o uso de iniciais – fato que muitos políticos conhecem bem. É por isso que E. M. Kennedy e J. E. Carter se apresentam como Ted Kennedy e Jimmy Carter.

De fato, a nova onda de políticos não utiliza nem os nomes intermediários, nem as iniciais. Jack Kemp, Gary Hart, Bill Brad, George Bush, Ronald Regan.

E quanto a FDR e JFK? A ironia dessa situação é que, assim que você chega ao topo, assim que se torna famoso, pode usar suas iniciais sem causar ambigüidade. Franklin Delano Roosevelt e John Fitzgerald Kennedy

[1] Em inglês, essas letras compõem uma sílaba a mais do que em português: "dou-ble u u", quatro sílabas.

somente utilizaram suas iniciais depois de se tornarem famosos. Não antes disso.

A próxima coisa que se costuma eliminar é o nome da empresa. Aquilo que nasce como taquigrafia visual para economizar papel e tempo de digitação acaba terminando como o monograma do sucesso.

IBM, AT&T, GE, 3M. Às vezes, até parece que a condição para se pertencer à fraternidade da *Fortune 500* é possuir um conjunto de iniciais imediatamente identificáveis. Esse é o modo de dizer ao mundo que você venceu.

Portanto, hoje, temos apelidos como AM International, AMAX, AMF, AMP, BOC, CBI Industries, CF Industries, CPC International, EG&G, FMC, GAF, IC Industries, ITT, LTV, MEI, NCR, NL Industries, NVF, PPG Industries, SCM, TRW e VF.

Essas não são empresas de dois bits. Todas elas hoje se encontram na lista das maiores empresas da revista *Fortune*. A menor da lista, a AM International, teve vendas de 598 milhões de dólares há poucos anos e conta com mais de dez mil empregados (você pode reconhecê-la como a antiga Addressograph Multigraph Corp.).

Se você selecionar, na lista da *Fortune 500*, as maiores empresas que se encontram acima das que usam iniciais, encontrará o seguinte: Allegheny International, American Motors, Amstar, Bristol-Myers, Celanese, Cluett Peabody, Consolidated Foods, Data General, Gannett, Hartmarx, H. J. Heinz, Hewlett-Packard, Inspiration Resources, Lever Brothers, Louisiana Land & Exploration, Mohasco, National Cooperative Refinery Association, North American Philips, Procter & Gamble, G.D. Searle, Weirton Steel e Westmoreland Coal.

Qual dessas listas é a mais famosa? A das empresas com nome completo, naturalmente.

Algumas das empresas que usam iniciais, como ITT e NCR, são certamente bem conhecidas. Mas, assim como FDR e JFK, essas empresas já eram famosas antes de abandonar seus nomes em favor das iniciais.

Que empresas têm a probabilidade de crescer mais? Novamente, as empresas com nomes.

Para testar esse argumento, fizemos uma pesquisa com as empresas que usam "nomes" e as empresas que usam "iniciais", a partir de uma lista de assinantes da revista *Business Week*. Os resultados demonstraram o valor do nome.

A percepção média das empresas que usam "iniciais" foi de 49%. A percepção média de um grupo de empresas equivalentes que usam "nome" foi de 68%, ou seja, uma diferença de 19%.

O que leva as grandes empresas a cometer suicídio corporativo? Uma das razões é que os principais executivos vêem as iniciais da empresa nos memorandos internos há tanto tempo, que acabam presumindo que todos conheçam a velha e boa VF. Em segundo lugar, eles não compreendem bem quais são as razões pelas quais empresas como a IBM e a GE tiveram tanto êxito.

Não há atalho para o sucesso

Uma empresa deve ser extremamente bem conhecida antes de poder utilizar suas iniciais com sucesso. Aparentemente, o uso das iniciais "GE" desencadeia as palavras General Electric no cérebro das pessoas.

Invariavelmente, as pessoas precisam conhecer o nome antes de reagir às iniciais. O Federal Bureau of Investigation (Agência Federal de Investigação) e o Internal Revenue Service (Serviço da Receita Federal) são muito famosos. Portanto, reagimos instantaneamente a FBI e IRS.

Mas HUD está longe de ser assim reconhecido. Por quê? Porque a maioria das pessoas não conhece o Department of Housing and Urban Development (Departamento de Moradias e Desenvolvimento Urbano). Portanto, se o HUD quer ser mais famoso, deve primeiramente tornar mais conhecido o nome Housing and Urban Development. Tomar um atalho utilizando apenas as iniciais HUD não ajuda muito.

Da mesma maneira, a General Airline & Film não era uma empresa muito famosa. Quando ela mudou de nome para GAF, acabou garantindo que nunca viria a ser muito conhecida. Agora que a GAF mudou legalmente o seu nome para as iniciais, não terá mais a oportunidade de expor o potencial cliente ao seu nome original.

Porém, parece que atualmente a sopa de letras está no cardápio corporativo de muitas empresas. Elas falham na maneira como se posicionam na mente das pessoas. Portanto, tornam-se vítimas da moda.

E, sem nenhuma dúvida, a moda de hoje é a "inicialite". Vejam a RCA. Todos sabem que RCA significa Radio Corporation of America. Portanto, a empresa poderia usar suas iniciais para desencadear as palavras "Radio Corporation of America" que estão enterradas bem no fundo da mente das pessoas.

Mas agora que a RCA é legalmente a RCA, o que acontecerá em seguida? Nada. Pelo menos nos próximos dez anos. As palavras já estão enterradas na mente de milhões de pessoas. E lá ficarão, indefinidamente.

E quanto à próxima geração de potenciais clientes? O que pensará quando vir essas iniciais estranhas, RCA?

Roman Catholic Archdiocese (Arquidiocese Católica Romana)?

O posicionamento é como o jogo da vida. É uma proposta de longo prazo. É possível que as escolhas de nome que estão sendo feitas hoje deem frutos somente daqui a muitos e muitos anos.

A mente funciona pelo ouvido

A razão básica pela qual se cometem tantos erros na escolha de nomes é que os executivos vivem mergulhados em um oceano de papel. Cartas, memorandos, relatórios. Quando se nada em um mar de Xerox, é fácil esquecer que a mente funciona de maneira auditiva. Para pronunciar um nome, primeiro traduzimos as letras em sons. É por isso que os leitores principiantes mexem os lábios quando leem.

Quando você era criança, primeiro aprendeu a falar e depois, a ler. E aprendeu a ler devagar e com esforço, dizendo as palavras em voz alta à medida que forçava o cérebro a associar a palavra escrita ao som armazenado no cérebro.

Em comparação, aprender a falar requer muito menos esforço do que aprender a ler. Nós armazenamos sons diretamente e depois os repetimos em várias combinações conforme nossa destreza mental vai aumentando.

À medida que crescemos, aprendemos a traduzir com tanta rapidez as palavras escritas na linguagem oral exigida pelo cérebro que nem temos consciência de que o processo de tradução está ocorrendo.

Então, lemos no jornal que 80% do processo de aprendizagem se realiza pelos olhos. É claro que sim. Mas ler é apenas uma parte do processo de aprendizagem. Aprende-se muita coisa a partir de pistas visuais que não envolvem, de modo algum, a leitura no sentido convencional. Por exemplo: você aprende a detectar o estado emocional de outra pessoa "lendo" seus sinais corporais.

Quando as palavras são lidas, elas somente são compreendidas quando o tradutor visual/verbal que há no cérebro interpreta oralmente aquilo que você vê escrito.

Da mesma maneira, um músico aprende a ler a música e a ouvir o som em sua cabeça, como se alguém estivesse extraindo-os de um instrumento.

Tente decorar um poema sem lê-lo em voz alta. É muito mais fácil memorizar material escrito se reforçamos o seu componente auditivo, a linguagem que funciona no cérebro.

É por isso que não apenas os nomes, mas também as manchetes, os slogans e os temas dos anúncios publicitários, devem ser examinados em função de suas características auditivas. Ainda que você tencione utilizá-los apenas em material impresso.

Você achou que Hubert e Elmer eram nomes ruins? Se achou, é porque traduziu as palavras impressas em seus equivalentes auditivos. Porque Hubert e Elmer não têm uma aparência ruim. Eles apenas soam mal.

De certo modo, é uma vergonha que a mídia impressa (jornais, revistas, publicidade em *outdoor*) tenha vindo antes e o rádio, depois. O rádio é, na verdade, a mídia primária. E a mídia impressa é a abstração em um nível mais alto.

As mensagens "soariam melhor" por escrito se antes fossem concebidas para o rádio. Porém, costumamos fazer o inverso. Trabalhamos primeiro na versão impressa e depois na versão para o rádio.

Obsolescência do nome

Outra razão pela qual as empresas deixam de usar seu nome e adotam as iniciais é a própria obsolescência do nome. A RCA vende muitas outras coisas além de aparelhos de rádios.

E quanto à United Shoe Machinery (União de Máquinas para Calçados)? A empresa havia se tornado um conglomerado. Além do mais, o mercado interno de máquinas para fabricação de sapatos estava morrendo, já que as importações aumentavam cada vez mais sua participação. O que fazer, então? Elas escolheram o caminho mais fácil.

A United Shoe Machinery mudou de nome para USM Corporation. E passou a viver no anonimato depois disso.

A Smith-Corona-Marchant é outra empresa que perdeu a identidade corporativa. Resultado de fusões, a Smith nunca fabricou coronas nem *marchants*. Portanto, ela decidiu encurtar seu nome para SCM Corporation.

Presume-se que tanto a SCM como a USM fizeram essa mudança para escapar da identidade obsoleta do passado. Porém, ocorreu exatamente o oposto.

A mente não consegue lembrar-se de USM sem antes eliminar a United Shoe Machinery do subconsciente.

Pelo menos, RCA, USM e SCM tinham a taquigrafia fonética trabalhando a seu favor. Sem ela, as dificuldades teriam sido maiores. Muito, muito maiores. Quando a Corn Products Company mudou de nome para CPC International, descobriu que o nome CPC era pouco reconhecido. As iniciais CPC não são foneticamente mais curtas do que Corn Products. Ambas têm três sílabas, de modo que as iniciais CPC raramente eram utilizadas até a mudança de nome ser feita. Pergunte às pessoas que vivem no mundo dos negócios se elas conhecem a CPC International. Veja se elas não dizem: "Ah, você quer dizer a Corn Products Company?".

Em nossa sociedade que gosta de iniciais, a primeira pergunta que vem à mente é: "O que essas iniciais significam?".

A mente vê as letras AT&T e diz: "Ah, American Telephone & Telegraph".

Mas que resposta a mente obtém quando vê TRW? Obviamente, há um bom número de pessoas que se lembra da Thompson Ramo Wooldridge Corporation. E a TRW é uma empresa de 6 bilhões de dólares, de modo que obtém muita publicidade. Mas será que esses dólares gastos com publicidade não funcionariam melhor se a TRW tivesse um nome de verdade em vez de uma inicial?

Algumas empresas colocam conjuntos de iniciais em série. Que tal tentar lembrar-se da D-M-E Corporation, subsidiária da VSI Corporation?

Não estamos aqui sugerindo que as empresas não devam mudar de nome. Ao contrário. Nada permanece igual por muito tempo. Os tempos mudam. Os produtos tornam-se obsoletos.

Os mercados vêm e vão. E as fusões freqüentemente são necessárias. Portanto, chega uma hora em que uma empresa tem de mudar de nome.

A U.S. Rubber era uma multinacional que comercializava muitos produtos que não eram feitos de borracha. A Eaton Yale & Towne resultou de uma fusão que produziu uma grande empresa com um nome complicado. A Socony-Mobil foi marcada com um primeiro nome que originalmente representava a Standard Oil Company de Nova York.

Todos esses nomes foram alterados por boas razões de marketing. A tradicional abordagem de manter um "pé no passado" poderia ter produzido, a partir desses nomes, a USR Corporation, a EYT&T Company e a SM Inc. Três monstruosidades de marketing.

Em vez disso, a abordagem de "esquecer o passado" criou três novas identidades corporativas modernas: Uniroyal, Eaton e Mobil. A força de marketing desses nomes fala por si mesma. Essas empresas tiveram êxito em esquecer o passado e posicionar-se para o futuro.

A confusão entre causa e efeito

Apesar de todos os empecilhos, as empresas são atraídas pelas iniciais como as mariposas pelas lâmpadas. O sucesso das IBMs deste mundo parece provar que as iniciais são eficazes. É a clássica confusão entre causa e efeito.

A International Business Machines tornou-se tão rica e famosa (causa) que todos sabem de que empresa você está falando quando usa suas iniciais (efeito).

Quando você tenta reverter esse procedimento, ele não funciona. Você não pode utilizar as iniciais de uma empresa que tenha um sucesso modesto (a causa), na esperança de que assim ela se torne rica e famosa (efeito).

É como tentar ficar rico e famoso comprando limusines e jatos corporativos. Primeiro, você tem de ser bem-sucedido para depois ter dinheiro suficiente, para depois ainda comprar esses benefícios.

De alguma maneira, a pressa em adotar iniciais representa um desejo de ser aceito, mesmo que isso acarrete prejuízos de comunicação. Essa pressa também representa a mania de imitação que prevalece em alguns círculos de gestão. O sucesso da IBM encorajou concorrentes como a CPT e a NBI a utilizar suas iniciais em vez dos nomes.

O sucesso da AT&T encorajou a MCI a comercializar seus serviços de longa distância com um nome composto de iniciais.

E observem o contraste nas estratégias de escolha de nome adotadas por duas companhias aéreas diferentes.

A Pan-A-mer-i-can Air-lines (sete sílabas) tem um nome foneticamente longo. Por isso, ele foi encurtado para Pan-Am, de duas sílabas. Muito melhor que as iniciais, PAA, que seriam difíceis de lembrar.

Já Trans World Air-lines (quatro sílabas) é foneticamente mais curto do que o T-Dá-blio-A que eles estão usando[2]. Mas a TWA não é famosa? É, sim, graças aos 70 millhões de dólares que ela gasta todo ano em publicidade.

[2] Em inglês, essa expressão contém uma sílaba a mais, já que é pronunciada "T-Dou-Ble-U--A" ou [ti-də-bəl-yu-ey].

Embora a TWA gaste aproximadamente o mesmo em publicidade que suas concorrentes maiores, a American e a United, as pesquisas demonstram que ela tem a preferência de metade dos passageiros em relação às outras duas. Uma das razões disso é a ineficiência das iniciais TWA.

Que nome a Trans World Airlines deveria usar?

"Trans World", é claro. Com apenas duas sílabas, Trans World é curto e graficamente atraente.

Acrósticos e listas telefônicas

Algumas empresas têm sorte. Suas iniciais, em função do *design* ou por simples acaso, formam acrósticos. Por exemplo: Fiat (*Federation Internationale Automobiles Torino*) e Sabena (*Société Anonyme Belge d'Exploitation de La Navigation Aérienne*).

Freqüentemente, as organizações têm o cuidado de escolher nomes que formam acrônimos significativos. Dois exemplos: CARE (Committee for Aid and Rehabilitation in Europe - Comitê para Ajuda e Reabilitação na Europa)[3] e MADD[4] (Mothers Against Drunk Drivers - Mães contra Motoristas Embriagados).

Outras empresas não têm tanta sorte. Quando a General Aniline & Film mudou de nome para GAF, decidiu ignorar o fato de que o acrônimo soa como "erro desajeitado". GAF foi uma gafe em vários sentidos.

Outra coisa que as pessoas tendem a esquecer quando escolhem um nome é a dificuldade de encontrá-lo na lista telefônica. Como você raramente procura seu próprio nome na lista, talvez não perceba como é difícil localizá-lo.

Veja a MCI, por exemplo. Na lista telefônica de Manhattan, espera-se encontrar MCI entre McHugh e McKensie. Mas, é óbvio, esse nome não está lá. A MCI Telecommunications está a 48 páginas de distância, onde compete com sete outras empresas que incorporaram MCI em seus nomes (como as regras de padronização determinam que as listas de nomes devem vir em ordem alfabética, a empresa telefônica coloca na frente todos os nomes compostos por iniciais).

Considere, por exemplo, a USM. Na lista telefônica de Manhattan, há sete páginas de nomes que começam com "US". Portanto, você acha que vai

3 "Care", em inglês, significa cuidado, tratamento.

4 "Madd" remete ao adjetivo "mad", que significa louco(a)(s) ou enraivecido(a)(s).

encontrar a USM em algum lugar entre *US Luggage & Leather Products* (Malas e Produtos de Couro dos EUA) e *US News & World Report* (Notícias e Reportagens Mundiais dos EUA).

Mas ele não está lá. Não está, porque esses nomes com US representam "United States", como no caso de United States Luggage, e o US de USM não representa nada. Portanto, o nome vai para a frente com o resto das empresas cujos nomes são compostos de "puras" iniciais.

Muitas empresas acabam ficando marcadas com nomes obsoletos sem ter culpa disso. Mas antes que você jogue fora um nome em favor de iniciais que nada significam, veja se consegue descobrir outro "nome" capaz de atingir o resultado que você espera.

Com um bom nome, sua tarefa de posicionamento será muito mais fácil.

capítulo 11

A ARMADILHA DA CARONA

Considere um produto chamado Alka-Seltzer Plus. Vamos ver se conseguimos entender como o Alka-Seltzer Plus chegou a ter esse nome.

Um grupo de rapazes está sentado a uma mesa de conferências tentando achar um nome para um novo remédio contra resfriados, criado para competir com Dristan e Contac.

"Já sei", diz Harry. Vamos chamá-lo Alka-Seltzer Plus. Assim, aproveitamos os 20 milhões de dólares anuais que estamos investindo no nome do Alka-Seltzer.

"Boa idéia, Harry". E assim, aprova-se mais uma dessas inúmeras idéias que visam a economizar dinheiro.

Mas há que ter cuidado com isso. Em vez de abocanhar mercado de Dristan e Contac, o novo produto deu uma volta e abocanhou o mercado de Alka-Seltzer.

De tempos em tempos, os fabricantes do Alka-Seltzer Plus redesenham o rótulo. O "Alka-Seltzer" fica cada vez menor e o "Plus", cada vez maior.

Um nome melhor para o produto teria sido Bromo-Seltzer Plus. Com esse nome, eles teriam tirado negócios é do concorrente.

A conglomeração da corporação

Na era dos produtos, a vida era mais simples. Cada empresa era especializada em uma só linha. E o nome dizia tudo.

Standard Oil (Petróleo Padrão), US Steel (Aço dos Estados Unidos), United Airlines (Linhas Aéreas Unidas), Pennsylvania Railroad (Estrada de Ferro da Pensilvânia).

Mas o progresso tecnológico criou oportunidades. Por isso, as empresas começaram a criar ramificações em outras áreas.

Assim surgiu o conglomerado. A empresa que não se especializa em nada. Adquirindo outras empresas ou desenvolvendo outros negócios, o conglomerado prepara-se para entrar em qualquer setor onde acha que pode fazer dinheiro.

Veja o caso da General Electric. A GE faz tudo, de motores de avião a jato até usinas nucleares e plásticos.

A RCA está nos setores de comunicação via satélite, componentes eletrônicos sólidos e locação de automóveis.

Muitas pessoas são contra os conglomerados. As empresas devem "ficar no seu ramo", dizem elas. Mas os conglomerados vêm fornecendo capital para sustentar uma competição vigorosa no mercado. Se não fosse por eles, os Estados Unidos seriam uma nação de semimonopólios.

Veja o que ocorre com as copiadoras, por exemplo. A Xerox, pioneira no setor de papel comum, agora enfrenta a concorrência de uma fábrica de computadores (IBM), uma empresa de fotografia (Kodak) e uma empresa de franqueadoras postais (Pitney Bowes).

Até mesmo quando os conglomerados crescem por aquisição (a RCA compra a Hertz, a ITT compra a Avis), eles põem em jogo o dinheiro necessário para sustentar o crescimento e a competição.

Se não fosse assim, quando ocorresse a morte ou a aposentadoria dos fundadores da empresa, o pagamento de impostos deixaria a empresa fraca demais para defender seu território.

O ciclo de vida típico de uma corporação começa com um empreendedor que tem uma idéia. Se ele é bem-sucedido, você pode contar com duas coisas: a morte e os impostos. Isso basta para garantir que a operação acabe fazendo parte de um conglomerado para sobreviver.

Duas estratégias diferentes

Como as empresas crescem por meio de duas estratégias diferentes (desenvolvimento interno ou aquisição externa), assim também há duas estratégias de "nomes" diferentes. Os egos corporativos é que ditam essas estratégias.

Quando uma empresa desenvolve um produto internamente, quase sempre coloca o nome corporativo nele. Por exemplo, computadores General Electric.

Quando a empresa adquire um produto por meio de aquisição externa, ela geralmente mantém o nome que já existia. A RCA manteve o nome da Hertz. A ITT manteve o da Avis.

Mas nem sempre isso acontece.

Quando a Sperry-Rand desenvolveu internamente uma linha de computadores, o produto chamou-se Univac. Quando a Xerox entrou no negócio de computadores por aquisição externa, mudou o nome da Scientific Data Systems, que havia adquirido, para Xerox Data Systems.

Deixando de lado os egos corporativos, quando é que uma empresa deve usar o próprio nome e quando deve escolher um nome novo? (Na verdade, você não pode desconsiderar os egos corporativos. Tente convencer a General Electric a não colocar o nome GE em um novo produto e começará a entender a enormidade desse problema de ego).

Uma das razões pelas quais os princípios de escolha de um nome permanecem tão enganosos é a síndrome de Charles Lindbergh.

Se você consegue ser o primeiro a penetrar na mente das pessoas, qualquer nome funciona.

Mas se não é o primeiro a chegar lá, deixar de escolher um nome adequado é o mesmo que flertar com o desastre.

Dividir e conquistar

Para perceber as vantagens de utilizar um nome diferente do nome da empresa, compare a estratégia da Procter & Gamble e a da Colgate-Palmolive.

Você encontra muitos nomes da empresa na linha de produtos da Colgate-Palmolive. Só para mencionar alguns: creme dental Colgate, escovas de dentes Colgate, Espuma de Barbear Palmolive, sabão para máquinas lava-louças Palmolive, sabonete Palmolive.

Você não vai encontrar o nome da Procter & Gamble em nenhum de seus produtos. A Procter & Gamble posiciona cuidadosamente cada produto em um nicho exclusivo na mente do consumidor. Por exemplo: Tide torna as roupas "brancas". Cheer torna-as "mais brancas que o branco". E Bold torna-as "brilhantes".

Com menos marcas, a Procter & Gamble faz duas vezes mais negócios e cinco vezes mais dinheiro do que a Colgate-Palmolive.

Embora ultimamente esteja na moda desprezar a publicidade da Procter & Gamble na Madison Avenue, é interessante observar que ela ganha, a cada ano, mais dinheiro do que todas as 6.000 agências de publicidade dos Estados Unidos juntas.

Um novo produto precisa de um nome novo

Quando um produto realmente novo chega ao mercado, é quase sempre um erro pendurar nele um nome famoso.

A razão é óbvia. Um nome tornou-se famoso porque significava algo. Ele ocupou uma posição na mente do potencial cliente. Um nome realmente famoso encontra-se no degrau mais alto de uma escada claramente definida.

O novo produto, para ter sucesso, requer uma nova escada. Escada nova, nome novo. Simples assim.

Entretanto, as pressões para se adotar o nome famoso são enormes. "Um nome famoso tem a aceitação embutida. Nossos clientes e potenciais clientes já nos conhecem e conhecem nossa empresa, e é mais provável que eles aceitem nosso novo produto se colocarmos nosso nome nele." A lógica de estender a linha de produtos é esmagadora e, às vezes, muito difícil de refutar.

Contudo, a história vem destruindo essa ilusão.

A Xerox gastou quase um bilhão de dólares para montar uma empresa de computadores lucrativa com um nome excelente, Scientific Data Systems. E depois, o que foi que a Xerox fez? Naturalmente, mudou o nome da empresa, de Scientific Data Systems para Xerox Data Systems.

Por quê? Obviamente, porque Xerox era um nome melhor e mais conhecido. E não apenas mais conhecido: a Xerox tinha uma aura carismática no marketing. Uma espécie de Cinderela corporativa, a Xerox não podia errar.

O princípio da gangorra

Quando você observa a mente do potencial cliente, percebe o que foi que deu errado.

É o princípio da gangorra. Um nome não pode representar dois produtos diferentes. Quando um sobe, o outro desce.

Xerox significa copiadora, e não computador (se você pede à sua secretária para fazer uma cópia Xerox, fica aborrecido se ela lhe dá um CD).

Até mesmo a Xerox sabia disso. "Esta máquina Xerox não tira cópias", dizia um de seus anúncios de computadores.

Já se sabia que qualquer máquina Xerox que fosse incapaz de fazer uma cópia estava destinada a ter problemas. Quando a Xerox pôs fim às suas operações com computadores, ela declarou uma perda de 84,4 milhões de dólares.

O que é Heinz? Esse nome sempre quis dizer picles. A Heinz tinha uma boa posição no setor de picles e possuía a maior participação desse mercado.

Então a empresa fez com que Heinz significasse ketchup. Também com muito sucesso. A Heinz é agora a marca número um de ketchup.

Mas o que aconteceu do outro lado da gangorra? É claro, a Heinz perdeu a liderança para a Vlasic.

Para ter sucesso, a Xerox deveria ter feito Xerox significar computadores.

Mas isso faz sentido para uma empresa como a Xerox, que detém a principal posição em copiadoras? Para uma empresa que obtém a maior parte de seu lucro com copiadoras?

Xerox é mais que um nome. É uma posição. Assim como Kleenex, Hertz e Cadillac, Xerox representa uma posição de enorme valor em longo prazo.

Já é bastante ruim quando alguém tenta tomar a posição que você ocupa. Quando você mesmo tenta fazer isso, aí então é trágico.

O anonimato é um recurso

Uma das razões pelas quais as empresas vivem querendo uma carona é que elas subestimam o valor do anonimato.

Na política, no marketing e na vida, o anonimato é um recurso facilmente desperdiçado por excesso de publicidade.

Um antigo provérbio político dizia: "Você não pode derrotar um alguém com um zé ninguém". Mas, hoje, você pode.

A rápida ascensão de um "zé ninguém" como Gary Hart prova que hoje a política é um jogo inteiramente diferente. As velhas máximas não são mais válidas.

Richard Nixon pode ser o nome do político mais famoso do mundo. Mas praticamente qualquer zé ninguém pôde derrotá-lo.

A publicidade é como o ato de comer. Nada mata mais o apetite do que uma boa refeição. E nada mata mais o potencial publicitário de um produto ou uma pessoa do que uma reportagem de capa em revista de alcance nacional.

A mídia busca constantemente o novo e o diferente, o rostinho jovem e fresco.

Ao lidar com a mídia, você deve conservar o anonimato até estar pronto para expor-se. Então, quando resolver expor-se, exponha-se mesmo. Sempre tenha em mente que o objetivo não é a publicidade ou a comunicação em si, mas a publicidade para conquistar uma posição na mente das pessoas.

Uma empresa desconhecida com um produto desconhecido tem muito mais a ganhar com a publicidade do que uma empresa famosa com um produto conhecido.

"No futuro, todos terão seus 15 minutos de fama", previu Andy Warhol.

Quando seus 15 minutos de fama chegarem, aproveite cada segundo.

capítulo 12

A ARMADILHA DA EXTENSÃO DA LINHA DE PRODUTOS

Quando se escrever a história desta última década do marketing, a tendência mais significativa terá sido a extensão da linha de produtos. Isto é, usar o nome de um produto já estabelecido em um novo produto (a armadilha da carona levada às últimas conseqüências).

Sabonete Dial, desodorante Dial.

Balas Life Savers. Goma de mascar Life Savers.

Lenços de papel Kleenex. Toalhas Kleenex.

A extensão de linha varreu a comunidade de marketing e publicidade da mesma maneira que Sherman varreu a Georgia. E por algumas razões muito boas.

A lógica está do lado da extensão de linha. Argumentos de economia. Aceitação do comércio. Aceitação do consumidor. Custos de publicidade mais baixos. Maior receita. A imagem da empresa.

O raciocínio de dentro para fora

A lógica está do lado da extensão de linha. Mas, infelizmente, a verdade não está.

A extensão da linha de produtos resulta de um raciocínio claro, teimoso, que considera as coisas de dentro para fora e que funciona mais ou menos da seguinte maneira:

"Nós fabricamos o sabonete Dial, um grande produto que detém a maior participação do mercado de sabonetes em barra. Quando os nossos clientes virem o desodorante Dial, saberão que ele provém dos mesmos fabricantes do grande sabonete Dial."

"Além disso", e aqui está o argumento decisivo, "o Dial é um sabonete desodorante. Nossos clientes esperam que sejamos capazes de produzir um desodorante para as axilas de alta qualidade". Em resumo, os clientes do sabonete Dial comprarão os desodorantes Dial.

Observe, no entanto, como o raciocínio muda quando a extensão da linha ocorre na mesma categoria de produto.

A Bayer "inventou" a aspirina e liderou o mercado de analgésicos por muitos anos. Mas o pessoal da Bayer não deixou de observar o progresso feito pela abordagem "anti-aspirina" adotada pelo Tylenol.

Portanto, a Bayer apresentou um produto de acetaminofeno chamado "Bayer sem aspirina para alívio da dor". Presumiu-se que as pessoas que estavam comprando o Tylenol e outros produtos com acetaminofeno voltariam a comprar da Bayer, que era a marca líder em remédios para dor de cabeça.

Mas nenhuma dessas duas estratégias funcionou.

O Dial teve uma grande participação no mercado de sabonetes e uma participação muito pequena no mercado de desodorantes.

E o remédio sem aspirina da Bayer nunca obteve mais do que uma participação minúscula do mercado de acetaminofeno.

O raciocínio de fora para dentro

Vamos observar a extensão da linha de produtos do ponto de vista do potencial cliente e trabalhar na direção contrária.

Tanto a Dial como a Bayer ocupam fortes posições na mente do consumidor.

Mas o que significa ocupar uma posição na mente das pessoas? Simplesmente isto: a marca torna-se um suplente ou substituto do nome genérico.

"Onde está o Bayer?"

"Me passa o Dial."

Quanto mais forte é a posição, maior é a freqüência com que ocorre essa substituição. Algumas marcas são tão fortes que já se tornaram praticamente genéricas. Fiberglas, Fórmica, Jell-O, Kleenex, Band-Aid, Sanka.

As marcas "genéricas" estão, naturalmente, próximas do limite, portanto, você precisa ter cuidado ao lidar com elas, senão o Tio Sam leva seus produtos embora.

Do ponto de vista da comunicação, a marca genérica é muito eficiente. Uma palavra serve por duas. Quando você tem uma marca genérica, pode dar-se o luxo de ignorar a marca e promover toda a categoria.

"O café não deixa você dormir? Beba Sanka."

"Sirva, à sua família, Jell-O com baixas calorias, em vez de bolo ou torta."

Do ponto de vista do consumidor, a extensão da linha funciona contra a posição da marca genérica. Ela obscurece a nitidez da marca dentro da mente. O consumidor não pode mais dizer "Bayer" se quer aspirina. Ou "Dial" se quer sabonete.

Em certo sentido, a extensão da linha leva o consumidor a compreender que Bayer é apenas uma marca. Isso destrói a ilusão de que Bayer é uma forma superior de aspirina. Ou de que Dial é um sabonete desodorante, e não apenas a marca de um sabonete desodorante.

JCPenney *versus* DieHard

Aquilo que realmente se insere na mente das pessoas não é, de modo algum, o produto, mas o "nome" do produto, que o potencial cliente utiliza como um gancho nos quais pendura atributos.

Assim, se o nome da bateria de automóveis é DieHard[1] e a Sears lhe diz que ela dura 48 meses, você tem um gancho (DieHard) em que pendurar a idéia de longa duração.

Mas se o nome da bateria é JCPenny e o varejista lhe diz que ela nunca precisa de água, você tem um gancho muito fraco (JCPenny) em que pendurar essa característica.

Em um sentido físico, o nome também é como a ponta de uma faca. Ele abre a mente para deixar a mensagem penetrar. Com o nome certo, o produto preenche a brecha e permanece ali.

Portanto, por que a JCPenny chama a sua bateria JCPenny? Outras palavras tão comunicativas como DieHard deviam estar disponíveis para a empresa.

É fácil entender o porquê, se você aplicar o raciocínio "de dentro para fora". "Nós somos a empresa JCPenny. Somos muito respeitados por todos os tipos de compradores, inclusive os compradores de baterias. Vamos colo-

[1] Longa-vida.

car o nosso nome no produto de modo que todos saibam instantaneamente quem foi que o fabricou e que o produto é excepcionalmente bom.

Então vem o argumento decisivo. "Com o nome JCPenny na bateria, o cliente vai saber onde comprá-la."

"Excelente raciocínio, J.C." E assim se toma outra decisão lógica de dentro para fora.

Mas no momento de virar a mesa, o nome não faz sentido, porque a mente do consumidor é organizada de outra maneira. Ele pensa em termos de produto.

Não deve surpreender que, quanto à preferência pela marca (na escada de baterias que há na mente do consumidor), DieHard esteja no degrau de cima e JCPenny bem mais abaixo.

Mas, então, um grande varejista como a JCPenny não vende uma enorme quantidade de baterias? É claro que sim, mas, como todos sabem, muitos produtos com o nome errado são vendidos "apesar de", e não "por causa de".

Em compensação, será que o consumidor não tem dificuldade para lembrar que as baterias DieHard somente podem ser compradas na Sears? Sim, esse é um problema da Sears, e talvez nem todos que querem comprar a DieHard consigam associar uma coisa com a outra. Mas é melhor, em primeiro lugar, estabelecer uma posição na mente do consumidor e depois preocupar-se em estabelecer, com ele, a relação de varejo.

No posicionamento, tomar o caminho mais curto não constitui necessariamente a melhor estratégia. O nome mais óbvio nem sempre é o melhor nome.

O raciocínio de dentro para fora é a maior barreira para o sucesso. O raciocínio de fora para dentro é a melhor ajuda.

Duas maneiras de encarar o nome

O consumidor e o fabricante vêem as coisas de maneiras totalmente diferentes.

Você acredita que, para o pessoal de Atlanta, a Coca-Cola não é um refrigerante? Para o fabricante, a Coca-Cola é uma empresa, uma marca, uma instituição e um grande lugar para se trabalhar.

Mas, para o consumidor, Coca-Cola é uma bebida doce, escura e gaseificada. O que está dentro do copo é Coca. Não é uma bebida à base de cola fabricada por uma empresa chamada Coca-Cola.

Os comprimidos na cartela de aspirina são Bayer. Eles não são a aspirina fabricada por uma empresa chamada Bayer (a propósito, o nome da empresa é Sterling Drug, e não Bayer. Portanto, a Bayer que não é aspirina poderia muito logicamente se chamar a Sterling que não é aspirina).

A grande força de um nome genérico é essa íntima identificação com o próprio produto. Na mente do consumidor, aspirina é Bayer, e qualquer outra marca de aspirina é uma "imitação da Bayer".

O slogan da Coca-Cola, "A verdadeira"[2], capitaliza a tendência do consumidor para colocar o primeiro produto que está em sua mente em um pedestal e de tratar os produtos do tipo "eu também" como um pouco inferiores ao original.

Se a Coke ou a Kleenex ou a Bayer não estiver à venda, ou se outras marcas forem suficientemente baratas, aí então o cliente poderá comprar alguma outra coisa. Mas, ainda assim, a Bayer continuará ocupando uma forte posição em sua mente.

Porém, observe o que ocorre quando se pede ao mesmo consumidor para comprar um produto chamado "não aspirina da Bayer". Se aspirina é Bayer, como a Bayer também pode não ser aspirina?

Aspirina com liberação gradual de ingredientes Bayer; comprimidos descongestionantes Bayer; analgésico que não é aspirina Bayer. Cada extensão da linha da Bayer destrói a posição da aspirina Bayer.

Como é de esperar, a participação total da Bayer no mercado de analgésicos continua caindo.

O que é uma Proteína 21?

Talvez o exemplo clássico da armadilha da extensão de linha seja o que ocorreu com o xampu Proteína 21 (Protein 21).

Alguns anos atrás, a companhia Mennen lançou uma combinação de xampu e condicionador denominada Proteína 21, que rapidamente conquistou 13% de participação no mercado de xampus.

Então, a Mennen atingiu o auge da extensão de sua linha de produtos. Em uma rápida sucessão, ela lançou o *spray* para cabelos Proteína 21, nos modelos regular e extrafirme, com e sem perfume. Lançou também o condicionador Proteína 21 (em duas fórmulas) e o concentrado Proteína 21. E,

[2] No original, "The real thing". No Brasil, esse slogan foi traduzido como "É isso aí".

para garantir que você nunca se lembre do que usar no cabelo, a Mennen também passou a comercializar Proteína 29, para homens.

Não é de espantar que a participação de Proteína 21 no mercado de xampus tenha caído de 13% para 2%. E que continue caindo.

Mas, por mais incrível que possa parecer, as extensões de linha continuam a predominar no setor de produtos embalados.

O que é um Scott?

Veja a posição da Scott em produtos de papel. A Scott detém a parte do leão no mercado bilionário de toalhas, guardanapos, lenços de papel e outros produtos do gênero. Mas a Scott era fraca onde pensava ser forte.

ScotTowels, ScotTissue, Scotties, Scotkins e até mesmo fraldas BabyScott. Todos esses nomes solapam as bases da Scott. Quanto mais produtos se penduram no nome Scott, menos significado esse nome tem para o consumidor médio.

Considere o ScotTissue, por exemplo. ScotTissue foi a marca número um no mercado de lenços de papel. Então, o Sr. Whipple e seus trituradores de lenços de papel da Procter & Gamble entraram no jogo. Agora, o ScotTissue é o segundo produto, depois do Charmin.

Uma grande participação de mercado não significava que a Scott detinha a posição. Mais importante é uma grande participação na mente. O consumidor podia escrever em uma lista de compras: "Charmin, Kleenex, Bounty e Pampers", e já sabíamos exatamente a que produtos ele estava se referindo. "Scott", em uma lista de compras, não tem significado nenhum.

As verdadeiras marcas também não ajudam muito. Que marca, por exemplo, destina-se ao nariz, Scotties ou ScotTissue?

Em termos de posicionamento, o nome Scott está no limbo. Ele não está firmemente estabelecido em nenhuma escada de produtos.

A Scott já começou a perceber o erro de suas decisões. As toalhas de papel Viva, marca da Scott, são uma marca de sucesso. Assim também os lenços de papel para banheiro, Cottonelle.

O que é uma Life Saver?[3]

A goma de mascar Life Savers é outro exemplo de extensão de linha que não deu em nada.

[3] Tradução literal: "O que é uma Salva-vidas?"

Mais uma vez, a lógica estava do lado da extensão da linha. Em um artigo no *New York Times*, o vice-presidente executivo da Life Savers explicou a estratégia:

"Estou convencido de que um modo de aumentar as chances é transferir um nome forte já existente para um novo produto que requeira atributos semelhantes."

Então ele explica os atributos das balas Life Savers: "Nosso diálogo com o consumidor indica que a marca Life Savers significa mais do que simplesmente a bala com o buraquinho no meio. Ela também significa sabor excelente, valor excepcional e qualidade garantida".

Não exatamente. Quantas pessoas teriam respondido "Life Savers", se você lhes perguntasse "Que marca significa sabor excelente, valor excepcional e qualidade garantida?" Nenhuma.

Agora, e se você lhes perguntasse: "Qual é o nome da bala que tem um buraquinho no meio?"

A maioria responderia: "Life Savers".

Então, o que aconteceu à goma de mascar Life Savers? O produto sempre teve uma pequena porcentagem do mercado. É uma daquelas marcas que você não vai mais ver porque foi silenciosamente assassinada.

Como os comerciais de televisão costumavam dizer: "É um grande produto, mas onde está o buraquinho?"

O buraquinho, naturalmente, não estava no produto. Ele estava na estratégia de marketing.

Ironicamente, a Life Savers, Inc. tem um grande sucesso no setor de chicletes. No setor de chicletes de bola.

Não, não se trata do chiclete de bola Life Savers.

É o Bubble Yum. Essa é a primeira marca de chicletes de bola suaves (que tem as vantagens de estar em primeiro lugar e de não utilizar um nome de linha estendida).

Bubble Yum é um sucesso fácil. As vendas já excederam as das balas Life Savers.

Bubble Yum não é apenas a marca de chicletes de bola que mais vende, é provável que se torne a marca de chicletes de qualquer tipo que mais vende.

O que é uma Eveready?[4]

Muitas empresas se encontram em águas turbulentas quando novas tecnologias sacodem os barcos em que navegam.

A Eveready, produto da Union Carbide, dominava o mercado de pilhas quando sua principal aplicação eram as lanternas. Então chegaram os transistores e, com eles, uma infinidade de novos produtos, incluindo os gravadores de fita e os aparelhos de rádio mais possantes. E, é claro, as pilhas alcalinas de longa duração.

P. R. Mallory percebeu a oportunidade e lançou a pilha alcalina Duracell em uma embalagem distintiva preta e dourada.

O pessoal da Union Carbide desprezou a idéia de um novo nome. "Já temos o melhor nome no negócio de baterias", disseram eles.

Mas, por via das dúvidas, eles copiaram o esquema de cores preto e dourado da Duracell. E deram mais proeminência às palavras "célula de energia alcalina" do que à marca Eveready.

A pilha Duracell diz apenas Duracell em negrito. Ela não precisa dizer "célula de energia alcalina" porque Duracell significa célula de energia alcalina.

Isso, sem dúvida, é a essência do posicionamento. Fazer seu nome representar o genérico. Assim, o consumidor utiliza livremente a marca pelo genérico.

Finalmente, o pessoal da Union Carbide desistiu e decidiu copiar a abordagem da Duracell. A célula de energia alcalina tornou-se Energizer, que finalmente está dando trabalho à Duracell no mercado.

Intuitivamente, a extensão da linha parece ser algo tão certo a se fazer, que uma companhia atrás da outra cai na armadilha. Os exemplos não são difíceis de encontrar. Eles constituem uma saga de oportunidades perdidas.

Aquele que tem 100 mm

Qual é o nome do primeiro cigarro extralongo de 100 mm?

Benson & Hedges, certo? Essa é a marca mais conhecida e mais vendida.

"As desvantagens da Benson & Hedges" lançaram a marca e gravaram o nome na mente dos fumantes.

[4] A tradução literal da marca "Eveready" é "Sempre Pronta".

A Benson & Hedges tornou-se conhecida como a primeira, a original e a inventora do conceito de 100 mm.

Mas é claro que ela não era nada disso. O primeiro cigarro de 100 mm foi o Pall Mall Gold, mas a Pall Mall caiu na armadilha da extensão de linha.

Então a Benson & Hedges se adiantou e ocupou a posição do cigarro longo.

Você pode achar que a oportunidade perdida pelo Pall Mall Gold desencorajou a empresa.

Mas isso não aconteceu. Como dissemos, a lógica em favor da extensão da linha é inquestionável.

De modo que, agora, temos Pall Mall Mentolado, Pall Mall Extra Suave e Pall Mall Light 100. Essa confusão causou impacto nas vendas da marca Pall Mall básica.

Veja o Pall Mall Mentolado, por exemplo. Mais uma vez, a lógica do fabricante é irrepreensível. "Os cigarros de mentol, como Kool e Salem, estão obtendo uma participação de mercado cada vez maior... se tivéssemos uma marca de cigarro mentolado, obteríamos uma participação desse mercado que está crescendo."

Então, lançaram o Pall Mall Mentolado. Que nunca chegou a vender mais de 7% do volume do Kool.

Em 1964, Pall Mall era a marca de cigarros número um nos Estados Unidos.

Em 1965, a Pall Mall estendeu sua linha de produtos pela primeira vez. E caiu para o segundo lugar nas vendas. Todos os anos, desde então, sua participação no mercado norte-americano de cigarros vem caindo.

De 14,4% em 1964 para 3,8% atualmente.

A lógica da extensão de linha no setor de cigarros deveria funcionar nas duas vias. Como as marcas comuns representam uma grande participação de mercado, você lançaria ou não o Kool Mentolado?

É claro que não. Kool foi o cigarro mentolado original. Kool significa mentol. Assim como Bayer significa aspirina.

Hoje, uma tabacaria bem provida tem mais de 100 marcas de cigarros (incluindo as extensões de linha), em uma indústria que produz aproximadamente 175 marcas. É de abarrotar a mente.

Naturalmente, as duas marcas líderes, a Marlboro e a Winston, vêm desde então estendendo as linhas de cigarros light, 100 mm e mentolado. Portanto, de acordo com a teoria, será que as marcas Marlboro e Winston vão seguir os passos da Pall Mall? Talvez sim. Mas, em terra de cegos, quem tem um olho é rei.

Que marcas restaram para desafiar os líderes? Quase todas as grandes marcas de cigarros vêm ampliando suas linhas quanto podem.

Confusão entre os óleos de milho

Qual é o nome da primeira margarina feita com óleo de milho?

Fleischmann é a marca líder e a que mais vende margarina de óleo de milho.

Mas a primeira margarina de óleo de milho foi a Mazola. Um exemplo clássico da lógica enganadora.

Mazola era o nome da marca líder de óleo de milho líqüido. Que escolha seria mais lógica do que colocar o nome Mazola em uma margarina de óleo de milho? Óleo de milho Mazola. Margarina de óleo de milho Mazola. E o resto é história.

Atualmente, a marca número um é a Fleischmann.

E o que é mais estranho: se você quiser detalhes técnicos, a margarina Fleischmann é um nome de linha estendida. Você se lembra do fermento Fleischmann? Felizmente, para a Fleischmann, poucas pessoas se lembram, porque poucas assam seu próprio pão nos dias de hoje.

Além disso, há o gim, a vodca e o uísque Fleischmann, todos da mesma empresa. O fator de confusão é minimizado por causa da distância que a mente estabelece entre uma bebida alcoólica e uma margarina (quem realmente acredita que a comida para cachorros Cadillac é fabricada pela General Motors?)

A cambalhota da xícara de café

Outra oportunidade perdida ocorreu na área de café desidratado. Hoje, a marca líder e a que mais vende é a Taster's Choice.

Mas qual era mesmo o nome do primeiro café desidratado? Maxim. Então, por que Maxim não é a marca número um? Essa é uma história de intriga e coragem que talvez valha a pena contar com mais detalhes.

Com sua marca Maxwell House, a General Foods era a detentora do mercado de café. A empresa possuía a maior participação e era a que ganhava mais dinheiro. Então, ela inventou um novo processo chamado "desidratado instantâneo".

Na superfície, parecia um modo de a General Foods aumentar sua participação no mercado de café.

Mas será que foi mesmo assim?

O movimento de abertura da General Foods foi uma boa notícia para a concorrência. Ao utilizar o nome Maxim, que era um derivado do nome Maxwell House, a empresa tornou-se instantaneamente vulnerável (Maxim lembra Maxwell, percebe? A maioria das pessoas não percebe). Maxim é um nome sem significado, que não demonstra nenhum benefício.

O contra-ataque da Nestlé chamou-se Taster's Choice. Não apenas a escolha estratégica do nome foi excelente, mas a publicidade da Nestlé também foi quase perfeita.

"Tem gosto de café torrado e moído", diz o anúncio do Taster's Choice, relacionando a marca de café desidratado com o padrão de excelência, o café torrado e moído.

Taster's Choice é a grande vencedora da cambalhota da xícara de café. Embora a General Foods tenha inventado a categoria do café desidratado e tenha sido a primeira em cena, a Taster's Choice vende duas vezes mais que o Maxim.

O caso dos dedos inconstantes[5]

Outra oportunidade perdida é conhecida nos círculos de creme para as mãos como "o caso dos dedos inconstantes". A história começa com Jergens, a marca número um, que detinha a maior participação de mercado.

Em primeiro lugar, a empresa lançou o Jergens Extra-Seco, uma espécie de creme na era das loções líqüidas. O Jergens Extra-Seco era, de fato, uma inovação significativa que estava sendo esmagada pela semelhança dos nomes. O potencial cliente não identificava a diferença.

A Chesebrough-Pond's lançou o Intensive Care (Cuidado Intensivo). E então, pela primeira vez, a nova loção cremosa recebeu um nome que posicionou claramente o produto na mente do consumidor. E o produto decolou.

[5] Trocadilho com a expressão inglesa "the fickle finger of fate", que significa "o dedo inconstante do destino".

Naturalmente, quando a Jergens percebeu o que estava acontecendo, contra-atacou com a marca Direct Aid (Socorro Direto).

Mas acabou acontecendo aquela velha história do "pequeno demais e tarde demais", porque a vitória de marketing foi para o Intensive Care. Hoje, o Intensive Care é a marca número um. Ela vende mais que a Jergens, a Jergens Extra Dry e a Direct Aid juntas.

Mas a marca verdadeira não é "Vaseline Intensive Care", um nome de linha estendida?

É verdade, mas os clientes chamam o produto de Intensive Care, e não de Vaseline. Na mente do consumidor estadunidense, Vaseline é uma gelatina de petróleo; Intensive Care é uma loção para as mãos.

A extensão da linha ao revés

Embora a extensão de linha normalmente seja um erro, o contrário pode funcionar. A extensão de linha ao revés denomina-se "ampliação da base". Um dos melhores exemplos disso é o xampu para bebês da Johnson.

Ao promover a suavidade do produto para o mercado adulto, a empresa tornou o xampu para bebês da Johnson uma das marcas líderes de xampu para adultos.

Observe as características dessa estratégia de ampliação da base. Mesmo produto, mesma embalagem, mesmo rótulo. O que mudou foi apenas a aplicação do produto.

Se a Johnson&Johnson tivesse estendido a linha de seus produtos e lançado o xampu Johnson para adultos, ele não teria nem chegado perto do sucesso que este teve.

Outro exemplo de ampliação da base é o Blue Nun, um vinho branco que estava sendo promovido como igualmente bom para acompanhar carnes e peixes.

Mas esses não são exemplos da "armadilha de apelar a todos"? Não exatamente. O xampu Johnson para bebês é o primeiro e o único xampu para bebês que foi promovido como um produto também destinado a adultos. E o Blue Nun é o único vinho branco que se anuncia como adequado para peixes e carnes.

Se outras marcas tentassem a mesma abordagem, elas não chegariam nem perto do sucesso dessas duas.

E há ainda o bicarbonato de sódio da Arm & Hammer, que é anunciado como bom para geladeiras e para tubos de drenagem. Também com muito sucesso. Mas o que aconteceu quando essa mesma empresa estendeu sua linha de produtos lançando o desodorante de bicarbonato de sódio da Arm & Hammer?

Muito pouco. Como diz Phyllis Diller, "Isso só funciona se você fica dentro da geladeira".

capítulo 13

QUANDO A EXTENSÃO DA LINHA PODE FUNCIONAR

A extensão de linha é popular. Sem dúvida.

Houve uma época em que as equipes profissionais de beisebol, futebol, basquetebol e tênis na área de New York City eram conhecidas como os Mets, Jets, Nets e Sets.

As casas de apostas da cidade penduravam pôsteres anunciando os New York Bets. Se a cidade tivesse uma equipe de ginástica, ela presumivelmente seria chamada New York Sweats (Os Suados de Nova York).

Por que parar aí? Uma gangue de rua seria os New York Ghetts (Os Guetos de Nova York). Os urbanistas seriam The New York Debts (As Dívidas de Nova York).

Felizmente, para a sanidade mental de todos, a tendência parece ter mudado de direção. A equipe de tênis trocou o nome, de New York Sets (Os Jogadores de Nova York) para New York Apples (As Maçãs de Nova York).

Vantagens de curto prazo

Um dos motivos da popularidade contínua da extensão de linha é que, em curto prazo, ela tem certas vantagens.

Digamos que houvesse uma equipe de nadadores profissionais em Nova York. "Aí vêm os Wets" (os Molhados) poderia ser uma típica manchete anunciando o evento. Com uma só palavra, "Wets", saberíamos que se trata de (1) uma equipe de esportes profissional, (2) localizada na área metropolitana de Nova York e (3) envolvida em algum tipo de esporte aquático.

Mas isso funciona apenas em curto prazo. À medida que o anúncio original se apaga na mente das pessoas, a confusão se instala.

Há realmente uma equipe de natação denominada Wets? Ou será que eu a confundi com uma equipe de basquetebol chamada Nets? Ou será que eu estava pensando em uma equipe de tênis chamada Sets? Agora, vejamos: os Nets mudaram de nome para Apples. Ou será que foram os Sets que mudaram de nome para Apples?

Como o nome da linha estendida está relacionado com o nome original, ele provoca um entendimento instantâneo. "Ah, sim, Coca-Cola Diet".

Ele também gera vendas instantâneas. Quando o Alka-Seltzer anuncia um produto como Alka-Seltzer Plus, compram-se verdadeiros estoques dele. Mas não são necessariamente os consumidores que compram o produto, e sim, os varejistas.

Portanto, os números de vendas parecem ser ótimos (para gerar um negócio de um milhão de dólares, você tem de vender 35 dólares para cada supermercado).

Os negócios parecem ser ótimos nos primeiros seis meses, quando você preenche os pedidos. Mas quando os pedidos não se repetem, as coisas de repente ficam difíceis.

Desvantagens de longo prazo

Após reconhecer, inicialmente, uma nova marca da linha que foi estendida, o potencial cliente nunca tem muita certeza de que o produto realmente existe.

Schlitz Light, Pall Mall Extra-Suave, Jergens Extra-Seco. Marcas como essas deslizam para dentro (e para fora) da mente com a mesma facilidade. Elas quase não exigem nenhum trabalho mental por parte do consumidor.

O que vem fácil, vai fácil. Os nomes da linha estendida são fáceis de esquecer porque não ocupam uma posição independente na mente das pessoas. Eles são satélites em relação à marca original. Sua única contribuição é obscurecer a posição ocupada pelo nome original. Freqüentemente, com resultados catastróficos.

Voltando à década de 1930, a Ralston Purina Company estava lançando comerciais de rádio para "Ralston, 1, 2 e 3". Um era o Shreded Ralston (Ralston em Pedaços). Dois era o Regular Ralston (Ralston Tradicional). Três era o Instant Ralston (Ralston Instantâneo).

Um, dois, três, todos desapareceram.

E a legendária David Ogilvy quebrou seus lápis de cor de tanto escrever anúncios combinando o Rinso Branco com o Rinso Azul.

A Sara Lee tentou entrar no ramo de comida congelada com produtos como Sara Lee Chicken & Noodles Au Gratin (Frango & Macarrão Gratinado Sara Lee) e Beef & Pepper Stew Sara Lee (Bife Sara Lee com Molho de Pimenta).

A Sara Lee detém a liderança no setor de sobremesas. Todos gostam da Sara Lee, mas muitas pessoas por aí não gostaram do frango com macarrão gratinado. E não o compraram. Especialmente com o nome Sara Lee na caixa.

Portanto, as cozinhas da Sara Lee abandonaram o ramo de congelados, depois de gastar uns oito milhões de dólares no projeto.

Quase todos já tentaram estender sua linha de produtos. A revista *Saturday Review Magazine* tentou lançar quatro diferentes publicações – *Arte, Ciência, Educação, Sociedade*. Uma perda de 17 milhões de dólares.

A Levi Strauss e a Brown Shoe tentaram lançar, acreditem, "Levi's para os Pés". A Levi's é, de longe, a líder do mercado de jeans; mas, dessa vez, eles bateram com as botas.

Também há as flores Avis, os relógios Zenith, o tabaco Old Grand-Dad, as meias-calças Bic e as fraldas Kleenex.

Há também o vinho Pierre Cardin. Nas versões tinto e branco, naturalmente. E Chanel para Homens.

O número dois parece ser um conceito de extensão de linha popular. Temos Alka-2, Dial 2, Sominex 2, assim como Jaws 2 (Tubarão 2) (quase nunca a continuação de um filme gerou o mesmo volume de negócios que o original).

Até mesmo as agências de publicidade adotaram o número dois. Ogilvy & Mather 2, Doyle Dane Bernbach 2, N. W. Ayer 2 e Grey 2, só para nomear algumas das que adotaram o número dois.

Mas o anúncio mais chocante de todos veio da Procter & Gamble. Décadas após desistir da moda de extensão de linha, a P&G gastou $ 50 milhões para lançar o Tide Líqüido. "Nós esperamos que o Tide Líqüido seja o sabão líqüido número um", disse o porta-voz da empresa.

Mas é improvável que o Tide Líqüido ultrapasse o líder da indústria, o Wisk. Além do mais, o novo produto certamente acabará canibalizando o Tide em Pó.

O teste da lista de compras

O teste clássico para avaliar a extensão de linha é a lista de compras.

Faça uma lista com as marcas que você quer comprar em um pedaço de papel e mande sua esposa ou seu esposo ao supermercado: Kleenex, Bayer e Dial.

Isso é bastante simples. A maioria dos maridos e esposas vai voltar para casa com lenços de papel Kleenex, aspirina Bayer e sabonete Dial.

Os produtos de linha estendida, como as toalhas Kleenex, a não aspirina Bayer e os desodorantes antitranspirantes Dial não destruíram as posições ocupadas pelas marcas originais. Ainda não. Mas é só dar-lhes corda para se enforcar.

E o que dizer destas marcas: Heinz, Scott, Kraft?

Será que a sua esposa ou o seu esposo vai trazer picles ou *ketchup* (ou talvez comida para bebês) Heinz do supermercado? Vai trazer lenços ou toalhas de papel Scott? Queijo, maionese ou molho para saladas Kraft?

A confusão causada quando um nome representa mais de um produto está destruindo lenta, mas certamente, a força de marcas como Scott e Kraft.

Como uma estrela que se expandiu demais, a marca acaba explodindo. Ela se torna um enorme elefante branco de marketing. O que torna a extensão de linha tão insidiosa é que a doença leva muitos anos para se manifestar. Muitos anos de existência lenta e debilitante.

Veja o Kraft. Um nome famoso que sofre de extensão de linha terminal.

O que é um Kraft? É tudo e ao mesmo tempo não é nada. Em quase nenhuma categoria, a Kraft é a marca número um. Na categoria de maioneses, a Kraft vem depois da Hellmann's. Na de temperos para salada, vem depois de Wishbone.

Nos casos em que a Kraftco lidera a categoria, a marca do produto não é Kraft.

Em queijo cremoso, é Philadelphia, e não Kraft.

Em sorvete, é Sealtest, e não Kraft.

Em margarina, é Parkay, e não Kraft.

Então, onde está a força do nome Kraft? Ele é demasiado difuso. Kraft significa tudo e nada. A extensão de linha é uma fraqueza, e não uma força.

E quanto aos queijos? Certamente, a Kraft é um nome forte em queijos. E é mesmo.

"Os Estados Unidos", como diz o anúncio, "soletram queijo K-R-A-F-T". Soletração horrível e estratégia horrível.

O marketing é como corrida de cavalos. O cavalo que vence não é necessariamente um bom cavalo. Tudo depende da habilidade dos cavalos que participar da competição. Em uma corrida simples, o vencedor pode ser o melhor entre os piores. Em uma corrida com obstáculos, o melhor é o melhor.

A Kraft tem tido sucesso no ramo de queijos. Mas me diga o nome das outras marcas de queijo que você conhece.

A Kraft é vencedora em uma corrida simples.

Quando não existem outras marcas ou quando as marcas que existem são fracas, você pode estender a linha. Mas assim que um concorrente forte chega, você tem problemas.

O teste do garçom

Além do teste da lista de compras, há o teste do garçom. O que é que ele lhe traz quando você faz o pedido da marca, e não da bebida?

"J&B on the rocks" deveria fazê-lo trazer um uísque. "Um martíni Beefeater" deveria vir com gim. E "uma garrafa de Dom Pérignon" definitivamente deveria fazê-lo trazer champanhe.

E se você lhe pedir "Cutty on the rocks"? Você obterá um *scotch*, naturalmente; mas será que ele vai lhe trazer um Cutty Sark ou um Cutty 12, que é bem mais caro por ser um uísque de 12 anos?

Cutty 12 é um exemplo típico de raciocínio distorcido. Combine um nome famoso (Cutty) com um adjetivo descritivo (12). Muito lógico do ponto de vista da destilaria. Mas e do ponto de vista do consumidor da bebida?

Quando você pede um "Chivas on the rocks", todos ficam sabendo que você quer o melhor. Chivas Regal.

Mas para obter um Cutty 12, você não pode dizer apenas "Cutty". E quando acrescenta o "12", nunca está bem certo se o garçom o ouviu ou, o que é mais importante, se as pessoas ao seu redor ouviram o "12".

A promoção do Cutty 12 também não ajuda a marca Cutty Sark original. Trata-se de um lembrete constante, para o consumidor de Cutty Sark, de que ele está tomando um uísque de pior qualidade.

O Cutty 12 entrou na dança depois do Chivas Regal, de modo que não devíamos mesmo esperar demais. Mas já havia uma marca de *scotch* 12 anos no mercado dos Estados Unidos bem antes do Chivas.

Johnnie Walker Black Label.

Hoje, é claro, o Chivas Regal vende muito mais que o Johnnie Walker Black Label, com uma margem considerável.

Garçom, “me traga um Johnnie Walker com um pouco de soda”.

“Rótulo vermelho ou preto, senhor?”

“Ahnnnnnn... ele que vá para o inferno. Me traga um Chivas.”

O Cutty 12 e o Johnnie Walker Black Label são exemplos extremos de extensão de linha. Eles costumam resultar em vendas anêmicas no segmento de preços mais altos (quem quer pagar um preço alto por uma marca de preço baixo?)

O que é um Packard?

Em outros casos, ocorre exatamente o contrário. Os produtos do outro extremo têm freqüentemente um sucesso instantâneo. A ressaca vem depois.

Antes da Segunda Guerra Mundial, o Packard era o melhor automóvel dos Estados Unidos. Mais ainda que o Cadillac, ele era um símbolo de *status* respeitado em todo o mundo.

Chefes de estado compravam Packards blindados. Um deles foi fabricado especialmente para Franklin Delano Roosevelt. Assim como a Rolls-Royce, a Packard ignorava sutilmente a política de troca de modelo anual, que era coisa de fabricantes menores. Eles se posicionavam acima do resto.

Então, em meados dos anos 1930, a Packard lançou seu primeiro modelo popular, o relativamente barato Packard Clipper.

O Packard Clipper foi o carro mais bem-sucedido que a Packard já produziu. As vendas eram excelentes, mas ele acabou com a empresa (ou, mais precisamente, acabou com a posição de prestígio do Packard, o que, por sua vez, acabou com a empresa).

A Packard ainda se arrastou até 1954, quando a Studebaker absorveu-a. O fim da estrada chegou anos depois.

O que é um Cadillac?

O que você sabe a respeito do Cadillac? Qual é o seu comprimento? Em que cores é fabricado? Qual é a potência do motor? Que opções estão disponíveis?

Para o cliente comum de automóveis, a General Motors teve êxito ao não comunicar quase nada sobre o Cadillac. A não ser sua posição como automóvel americano de luxo, topo de linha.

Mas até mesmo a General Motors às vezes se esquece de que, para cada produto, há dois pontos de vista. E a maior parte dos erros de extensão de linha ocorre porque o profissional de marketing não considerou esse fato.

O que é um Cadillac? Isto pode surpreendê-lo, mas, do ponto de vista da General Motors, um Cadillac não é absolutamente um automóvel. É uma divisão. Na verdade, é uma das divisões mais lucrativas da GM.

Mas, do ponto de vista do comprador, o Cadillac é um grande carro de luxo. Veja só o problema.

Por causa da situação do petróleo, a Cadillac está preocupada. Portanto, para manter a lucratividade, a General Motors lançou um Cadillac pequeno, o Cimarron. Mas, a longo prazo, um mini-Cadillac entra em conflito com a posição de carro grande que o Cadillac possui na mente das pessoas

Então, o potencial cliente olha para o Cimarron e pergunta: "isso é ou não é um Cadillac?"

A longo prazo, o Cimarron se intromete nas soluções mais eficazes para o desafio dos carros de luxo menores, como o Mercedes e o BMW. Para estabelecer sua posição entre as marcas de carros de luxo pequenos, a General Motors precisa de um nome separado com preço alto e uma organização de revendedores separada.

O que é um Chevrolet?

No que diz respeito a automóveis e a outros produtos, para saber se você tem um problema de posicionamento, pode fazer a si mesmo aquela antiga pergunta: o que é isso?

Por exemplo: o que é um Chevrolet? É um carro que caiu na armadilha de querer atrair todas as pessoas. Quando um produto tenta apelar a todas as pessoas, ele acaba não apelando a ninguém.

O que é um Chevrolet? Vamos dizer a você o que é um Chevrolet. É um carro grande e pequeno, barato e caro.

Está bem. Então por que o Chevy ainda é o número um? Como é que ele ainda não perdeu a liderança para a Ford?

E a isso, respondemos: "O que é um Ford?" O problema é o mesmo. O Ford também é um carro grande e pequeno, barato e caro.

O Ford tem ainda outro problema. Não se trata apenas de uma marca de automóvel. Também é o nome de uma empresa.

Um Ford da Ford pode parecer certo, mas a empresa tem um problema real na venda do Ford Mercury ou do Ford Lincoln (uma das razões pelas quais a Ford Motor Company sempre teve dificuldade para vender carros mais caros).

O que é um Volkswagen?

Uma tragédia de extensão de linha geralmente caminha para sua conclusão inevitável em três atos.

O primeiro ato é o sucesso estrondoso, o grande avanço. Geralmente, resulta de se encontrar uma brecha escancarada e explorá-la de maneira brilhante.

A Volkswagen inventou a posição do carro pequeno e rapidamente passou a explorar o grande avanço. "Pense pequeno" talvez seja o anúncio mais famoso que já se divulgou e que afirmou essa posição em termos muito claros.

Em um piscar de olhos, o Fusca da Volkswagen estabeleceu uma posição excepcionalmente forte no mercado de automóveis. Como na maior parte das histórias de sucesso, Volkswagen tornou-se mais do que uma marca para um produto.

"Eu dirijo um Volkswagen." Essa frase se refere a algo mais do que a fábrica do automóvel que a pessoa tem. "Eu dirijo um Volkswagen" diz algo sobre o modo de vida dessa pessoa. Trata-se de alguém prático, que não se preocupa com bobagens, confiante a respeito de si ou do *status* que ocupa na vida. O carro que usa é um meio de transporte simples e funcional.

O proprietário de um Volkswagen é um esnobe às avessas. Ele adora desprezar o sujeito que compra carros para impressionar os vizinhos. "O Volkswagen 1970 permanecerá feio por mais tempo" exprime perfeitamente essa atitude.

O segundo ato é alimentado pela ganância e pela visão de sucessos intermináveis. É assim que a Volkswagen estende a confiabilidade e a qualidade da Volkswagen para carros maiores e mais caros. Para ônibus e jipes.

O terceiro ato é o desenlace. Será possível que oito modelos não vendam tão bem como um só? Isso não apenas é possível, isso realmente aconteceu.

Do primeiro lugar em carros importados, a Volkswagen caiu para o quarto. Atrás da Toyota, da Datson e da Honda. E um pouco à frente da Mazda e da Subaru.

O padrão de sucesso prematuro seguido pela extensão de linha e depois, pela desilusão, é algo muito comum. Afinal de contas, você não pode esperar que empresas como a Scott e a Volkswagen repousem nos seus louros. Você espera que elas encontrem novos territórios para conquistar. E como elas vão encontrá-los? Uma maneira é evidente. É só desenvolver um novo conceito ou um novo produto com uma nova posição e criar um novo nome que combine com esse conceito.

Um nome é como um elástico

Ele estica, mas não além de certo ponto. Quanto mais você estica um nome, mais fraco ele se torna (exatamente o oposto do que você espera que aconteça).

Até que ponto pode-se esticar um nome? Essa é uma questão que diz respeito à economia e à jurisprudência.

Digamos que você tenha uma linha de legumes enlatados. Você tem uma marca para as ervilhas, outra para o milho e outra ainda para a vagem? Provavelmente, não. Economicamente, não faria sentido.

Portanto, a Del Monte talvez esteja certa ao utilizar a mesma marca em sua linha de frutas e legumes enlatados. Mas observe o que ocorre quando um concorrente concentra todos os seus esforços em um único produto. A linha de abacaxis em lata da Dole.

No que diz respeito ao abacaxi enlatado, não há concorrência entre a Dole e a Del Monte. A Dole sempre vence.

Então, qual é a próxima coisa que a Dole faz? Coloca o nome Dole em bananas frescas. A banana Dole.

Digamos que a Dole tenha sucesso ao fazer seu nome significar bananas. Então, o que vai acontecer com os abacaxis? Vai ocorrer o princípio da gangorra, com as bananas de um lado e os abacaxis do outro.

Mas a Dole não pode fazer o mesmo que fez a Del Monte? Tornar-se um fornecedor de toda a linha de produtos frescos e enlatados?

É claro que sim, mas apenas à custa de sacrificar sua valiosa franquia de abacaxis enlatados. E com a desvantagem adicional de ser a última empresa a estender a linha de produtos.

As regras da extensão de linha

Podemos dizer que a extensão de linha é uma "armadilha", e não um erro. A extensão de linha pode funcionar se...

Mas esse é um grande "se". Se os concorrentes forem tolos; se o seu volume de vendas for pequeno; se você não tiver concorrentes; se não pretender construir uma posição na mente do cliente; se não fizer nenhum anúncio.

A verdade é que muitos produtos são vendidos, mas poucos são posicionados.

Isto é, o cliente vai escolher uma lata de ervilhas sem ter uma preferência, ou uma posição clara a respeito de marcas de ervilhas. Nesse caso, qualquer marca conhecida vai ser melhor do que um nome desconhecido.

Se você trabalha para uma empresa com milhares de produtos com pouco volume (a 3M é um exemplo típico disso), obviamente não pode ter um nome novo para cada um deles.

Portanto, oferecemos aqui algumas regras que lhe dirão quando utilizar o nome da empresa e quando não utilizá-lo.

Volume de vendas esperado. Os produtos que são potenciais vencedores não devem levar o nome da empresa. Os produtos de pouco volume, sim.

Concorrência. Quando há um vácuo no mercado, a marca não deve ter o nome da empresa. Em um território lotado, sim.

Apoio publicitário. As marcas que contam com grandes orçamentos para publicidade não devem ter o nome da empresa. As marcas que têm um orçamento pequeno, sim.

Importância. Os produtos que constituem um grande avanço não devem ter o nome da empresa. Os produtos que não são diferenciados, como os produtos químicos, sim.

Distribuição. Os produtos de prateleira não devem ter o nome da empresa. Os produtos vendidos por representantes, sim.

capítulo 14

O POSICIONAMENTO DE UMA EMPRESA: A XEROX

Você pode posicionar qualquer coisa. Uma pessoa, um produto, um político. Até mesmo uma empresa.

Por que alguém iria querer posicionar uma empresa? Quem é que compra uma empresa? E por que uma empresa iria querer vender a si mesma? Para quem? (Para proteger-se de controladores pouco amigáveis, a maior parte das empresas gostaria de ser invisível.)

A compra e a venda de empresas

Na verdade, hoje está havendo muita compra e venda de empresas. Só que isso agora tem nomes diferentes.

Quando um novo empregado aceita um emprego em uma empresa, ele "compra" a empresa (com seus programas de recrutamento, uma empresa realmente "se vende").

Para qual das duas você preferiria trabalhar: para a General Electric ou para a Schenectady Electrical Works?

Todos os anos, empresas de todo o mundo competem pelos melhores formandos das principais universidades dos Estados Unidos. Quem você acha que obtém a melhor colheita?

É isso mesmo. As empresas que ocupam as melhores posições na mente do potencial empregado. A General Electric e a Procter & Gamble.

E quando os investidores compram ações da empresa, estão na verdade pagando por uma parte da posição que essa empresa ocupa no presente e que vai ocupar no futuro.

A quantia que um investidor está disposto a pagar por essas ações (ganhos de seis ou 60 vezes) depende da força que essa posição ocupa na mente do comprador.

Posicionar uma empresa com eficácia tem muitas vantagens quando você é um executivo ou diretor dessa corporação. Mas não é fácil.

O problema do nome uma vez mais

Antes de mais nada, há o nome. Especialmente o nome. Você acredita que a Pullman já não é mais um grande fator no negócio de vagões de trem?

E que as receitas dos ônibus representam apenas uma pequena parcela das vendas totais da Greyhound?

Tanto a Pullman como a Greyhound mudaram drasticamente. Mas o modo como elas são percebidas pelo público mudou pouco. Seus nomes as aprisionaram em sua reputação passada.

Mas elas tentaram. Especialmente a Greyhound, que gastou milhões de dólares para dizer à comunidade financeira que ela é "mais do que uma empresa de ônibus".

Mas enquanto esses ônibus com suas figuras de galgos estampadas dos lados correrem para cima e para baixo nas estradas interestaduais, a publicidade corporativa será um erro caro. Se a Greyhound quiser ser mais que uma empresa de ônibus, então ela precisará de um novo nome. Um nome adequado a "uma empresa que é mais que uma empresa de ônibus".

Mas, mesmo com o nome certo, o trabalho de posicionamento de uma empresa ainda não está terminado. O nome de sua empresa tem de representar algo dentro de sua indústria.

Como se representa algo

Considere a Ford. Todos sabem que a Ford é uma empresa de automóveis. Mas que tipo de carro é um Ford?

A Ford não consegue construir uma posição corporativa ligada a um tipo específico de automóvel porque ela fabrica automóveis de todos os tipos e de todos os tamanhos, incluindo caminhões (se ela deveria ou não fazer isso é outra questão).

Portanto, a questão do posicionamento consiste em encontrar alguma qualidade que distinga todos os seus automóveis.

A empresa estabeleceu a "inovação" como atributo-chave dos veículos da Ford. O resultado disso foi a campanha "a Ford tem a melhor idéia".

Não está nada mal, mas muitos programas corporativos se apóiam em abordagens mundanas e vulgares. Dessas, talvez a mais mundana e vulgar seja a que se baseia nas pessoas.

"Nossas pessoas são o nosso maior recurso."

"O pessoal do Golf enfrenta os desafios."

"Grumman: temos orgulho do número de produtos que fabricamos. Temos ainda mais orgulho das pessoas que os fabricam."

Será que não há diferenças de qualidade entre os empregados de uma empresa e os de outra?

É claro que há. Mas outra questão é construir uma posição com base em pessoas melhores.

A maioria pensa que as empresas maiores e mais bem-sucedidas têm os melhores empregados. E que as empresas menores e menos bem-sucedidas ficam com as sobras.

Portanto, se sua empresa ocupa o degrau mais alto da escada de produtos na mente do cliente, esse cliente certamente vai pensar que sua empresa tem os melhores empregados.

Então, se você não está no topo e diz ao potencial cliente que tem os melhores empregados... bem, essa é uma daquelas incoerências que normalmente não se resolvem a seu favor.

Se a Ford realmente tem as melhores idéias, por que não as utiliza no mercado para superar a General Motors, em vez de utilizá-las na publicidade para impressionar o público?

Essa não é uma questão de fato (a Ford pode ter as melhores idéias e ainda assim estar em segundo lugar). É apenas uma questão que surge na mente do potencial cliente.

E sua publicidade, para ser bem-sucedida, deve responder a essa questão.

A diversificação não é a resposta

Logo depois da questão dos empregados, o tema de posicionamento mais comum que as empresas usam é a "diversificação". As empresas querem tornar-se conhecidas como fabricantes diversificadas de uma ampla gama de produtos de alta qualidade.

Mas a diversificação não é eficaz como abordagem de publicidade corporativa. Na verdade, os conceitos de posicionamento e diversificação constituem pólos opostos.

É um fato indiscutível que as posições fortes na mente do potencial cliente se constroem com base nas grandes realizações. E não com base nas amplas linhas de produtos.

A General Electric é conhecida como a maior fabricante de produtos elétricos do mundo. E não como um fabricante diversificado de produtos industriais, produtos de transporte, produtos químicos e utilidades domésticas. Embora a General Electric fabrique milhares de produtos de varejo e produtos industriais, a maior parte do seu sucesso são os produtos elétricos. E o seu menor sucesso consiste nos produtos não-elétricos. Os computadores são um exemplo disso.

A General Motors é conhecida como a maior fabricante de automóveis do mundo. Não como uma fabricante diversificada de produtos industriais, produtos de transporte e utilidades domésticas.

A IBM tem a reputação de ser a maior fabricante de computadores do mundo. Não de ser uma fabricante mundial de vários tipos de máquinas para escritório.

Uma empresa pode ser lucrativa diversificando-se, mas ela deve pensar duas vezes antes de tentar construir uma posição com base nesse conceito.

Até mesmo o mercado de ações desvaloriza constantemente conglomerados como ITT e Gulf&Western (muitas empresas valem mais despedaçadas do que inteiras).

Às vezes, as empresas pensam que estão concentrando seus esforços de comunicação, quando na verdade não estão. O conceito de posicionamento torna-se tão amplo que acaba ficando sem sentido.

Que empresa costumava denominar-se "criadora e fornecedora de sistemas de informação para o trabalho, a educação e o lazer?"

Você acredita que é a Bell & Howell? É isso mesmo, a Bell & Howell.

Como é que se cria uma posição eficaz para uma empresa? Vejamos o caso da Xerox, empresa que parece já ter conquistado uma posição.

O que passa pela mente da Xerox?

Por que a Xerox iria querer uma posição? A Xerox já tem uma posição. A Xerox é a Coca-Cola das copiadoras.

Vamos, rápido, diga o nome de outra fabricante de copiadoras. Nenhuma lhe vêm à mente de imediato, não é mesmo? É claro que, depois de algum tempo, talvez você se lembre de que a Sharp, a Savin, a Ricoh, a Royal e a Canon fabricam copiadoras. Até mesmo a IBM e a Kodak fabricam copiadoras.

Mas nenhuma delas detém a posição de copiadora que a Xerox detém. Essa é uma enorme vantagem na venda de copiadoras. Quando você pensa que sua empresa precisa de mais uma copiadora, seu primeiro pensamento vai para a Xerox e seu primeiro telefonema provavelmente é para a Xerox.

Então, qual é o problema? A Xerox está vendo o mercado de escritórios caminhar na direção dos sistemas, especialmente dos sistemas de informação baseados em computadores. Portanto, ela comprou a Scientific Data Systems e, subseqüentemente, mudou de nome para Xerox Data Systems.

"Nosso objetivo ao adquirir a SDS", disse o presidente, "foi oferecer sistemas de informação de base mais ampla. Sentimos que, para alcançar as oportunidades na área de fornecimento de informações em todo o mundo, tínhamos de ampliar a parte gráfica, assim como a IBM está fazendo ao entrar na área gráfica. As empresas que puderem dizer a um cliente nos anos 1970, 'conseguimos lidar com todas as suas necessidades de informação, sejam elas de transmissão de fax, de impressão gráfica, ou quaisquer outras' terão uma enorme vantagem".

Seis anos depois, a Xerox Data Systems deixou de operar. Mas a perda da XDS não impediu a Xerox de tentar ampliar sua linha de produtos. A Xerox ainda estava comprometida com o conceito de ir além das fotocopiadoras.

Nos anos seguintes, a Xerox lançou uma grande quantidade de produtos para automação de escritórios. A rede XTEN, a rede Ethernet, a estação de trabalho Star, o computador pessoal 820. "Agora, a indústria certamente conhecerá o nosso segredo", declarou um vice-presidente da Xerox. "Queremos ser a número um nesse mercado."

O que passa pela mente do potencial cliente?

Se a Xerox pudesse enxergar o que passa pela mente de seus potenciais clientes, ela rapidamente veria que entrar na área de sistemas de informação para escritórios não faz nenhum sentido.

A publicação comercial *Information Week* analisou recentemente uma pesquisa com seus assinantes (a revista conta com cem mil assinantes, 80% dos quais representam empresas com mil ou mais empregados. Parece que aqui está a nata do mercado de automação de escritórios).

Estas são as respostas fornecidas à seguinte pergunta feita aos assinantes: "em que fabricantes de sistemas de informação para escritório você está mais interessado?"

IBM	81%
Wang	40%
Digital Equipment	36%
AT&T	22%
Hewlett-Packard	21%

A Xerox nem apareceu na pesquisa.

O que é que a Xerox pode fazer? Nossa mensagem para ela é que deixe de lutar contra suas copiadoras. Não se pode mudar o que está na cabeça do consumidor.

Que ela comece a usar as copiadoras. Elas devem ser o seu ativo mais forte. Um ativo na guerra estratégica contra a IBM e a AT&T.

A estratégia da "terceira perna"

É um modo de a Xerox tirar proveito de sua herança. Assim como ocorre com muitas estratégias, é útil dar um passo atrás e ter uma idéia do que está ocorrendo no mercado.

Primeiro, vejamos como eram os escritórios de antigamente. As coisas eram mais simples. Para iniciar um negócio, você precisava de um telefone da AT&T, uma máquina de escrever da IBM e uma copiadora da Xerox. Um verdadeiro tripé.

Agora, vejamos como é o escritório de hoje. Antes, toda a ação se apoiava na máquina de escrever. Agora, a máquina de escrever foi suplantada pelo computador. O telefone e a copiadora quase não mudaram.

E quanto ao escritório do futuro? Se você acredita em tudo o que lê, o escritório do futuro terá uma única perna do tripé, que será um sistema completo de automação de escritório oferecido por um único fabricante. Naturalmente, todos apostam na IBM.

Como resultado, todo fabricante que faz um bom computador está em busca dessa idéia de "fornecedor único".

Mas os sistemas nem sempre vendem. O sistema de som de alta fidelidade nunca foi fornecido por um só fabricante, já que os consumidores sempre escolheram os *receivers*, os toca-discos e os toca-fitas que quiseram.

O mesmo ocorreu com o parque de diversões doméstico e o sonho que a GE alimentou de vender todos os principais equipamentos de cozinha. A dona de casa escolhia suas marcas favoritas.

Além do mais, mesmo que o escritório do futuro venha a ser um grande sistema fornecido por um grande fabricante, é improvável que a Xerox seja esse fabricante.

Portanto, a Xerox nada tem a perder e tudo a ganhar se apostar em um cenário diferente.

O cenário da "terceira perna do tripé" é uma visão diferente do escritório do futuro. É uma visão que ainda entende o escritório do futuro apoiado nas três pernas. A perna de telefonia da AT&T se tornaria um apoio de comunicação com a adição da caixa postal de voz e o equipamento de fax.

A perna da "máquina de escrever" da IBM se tornaria um apoio de processamento com o acréscimo de computadores, estações de trabalho e redes.

A questão é: o que a Xerox acrescentaria à perna "copiadora"?

Algumas dificuldades com as pernas

Há grandes evidências de que a fusão das três pernas não é o caminho para o futuro. A história mostra as dificuldades enfrentadas pelas atividades que tentaram cruzar as três pernas.

Considere a Xerox *versus* a IBM. (1) A Xerox não teve muito sucesso com computadores, estações de trabalho ou redes de área local, que pertenciam todos à perna de propriedade da IBM. (2) Já a IBM não teve muito sucesso com as copiadoras, que são a perna, ou a posição, de propriedade da Xerox.

Considere a Xerox *versus* a AT&T. (1) Ninguém, incluindo a Xerox, se deu muito bem com o equipamento de fax, apoio de propriedade da AT&T. (2) A mensagem de voz e o fax decolarão assim que a AT&T estiver por trás deles.

Considere a AT&T *versus* a IBM. (1) A AT&T não se dará bem com os computadores, perna essa que pertence à IBM. (2) Por sua vez, a IBM e a Rolm não se darão muito bem com os telefones, perna de propriedade da AT&T (a Satellite Business Systems está perdendo $ 100 milhões por ano).

Desde que comprou a Scientific Data Systems, a Xerox vem tentando fechar a lacuna entre as copiadoras e os computadores. Em vez de ser um obstáculo, essa lacuna poderá acabar se revelando, a longo prazo, como a maior aliada da Xerox.

Oportunidades para a "terceira perna"

Se a perna da AT&T – o telefone – tornou-se o apoio das comunicações e a da IBM – a máquina de escrever – transformou-se no sistema de entrada e processamento de dados, então, o que acontece com a perna da copiadora Xerox?

A resposta óbvia é o *output*. Há muitas oportunidades para a terceira perna da Xerox, já que os escritórios acrescentam impressoras, escaneadoras e dispositivos de armazenagem para complementar suas copiadoras.

Além do mais, uma nova tecnologia revolucionária está se voltando para o *output* do escritório. Essa tecnologia é o laser. Há impressoras a laser, compositoras a laser e sistemas de memória a laser.

Além disso, o laser está ficando famoso em muitos outros setores. Na comunicação, está começando a substituir os satélites. No hospital, está revolucionando a cirurgia de coração. No supermercado, já se encontram caixas registradoras a laser.

McDonnell/Douglas fala a respeito de um laser que é "capaz de transmitir todo o conteúdo de uma enciclopédia de 24 volumes em um segundo". A United Telecom está montando uma rede de laser em todo o país. A AT&T está criando um meio de transmissão de telecomunicações transatlântico por raio laser. A GTE está lançando raios laser da lua.

Para o consumidor, há o aparelho de vídeo a laser. O aparelho de áudio a laser. E o disco a laser para qualquer coisa, que engloba áudio e também vídeo.

Nenhum show de rock digno de respeito terminaria sem um espetáculo de luzes a laser. Até mesmo os satélites "guerras nas estrelas", de Ronald Regan, seriam equipados com armas nucleares a laser.

A quarta tecnologia

Nos últimos 30 anos, três tecnologias invadiram os escritórios e entraram nos dicionários. A primeira foi a *termografia* da 3M, um processo de fotocópia que utiliza raios infravermelhos para produzir uma cópia em um tipo especial de papel.

A segunda foi a *xerografia* pela Xerox, processo que utiliza a ação da luz para produzir uma cópia em papel comum.

A terceira é a tecnologia do *microprocessador* que as empresas de computação, como a IBM, dominaram.

Há uma oportunidade para a Xerox colocar outra palavra tecnológica em uma futura edição do Dicionário *Webster's*.

A quarta tecnologia se chamaria "lasergrafia". Ela pode ser definida como o processo de comunicar, imprimir, escanear e armazenar mensagens ópticas ou impressas por meio de raios laser e fibras ópticas.

Uma palavra pode dizer muito

A Xerox é uma empresa de nove bilhões de dólares com mais de cem mil empregados. Deveria ser impossível posicionar uma empresa assim tão grande e diversificada como a Xerox com uma única palavra.

Mas em uma sociedade impregnada de comunicação, não resta espaço para mais do que isso na mente das pessoas. Hoje, Xerox significa apenas uma palavra: "fotocopiadoras". Amanhã, a Xerox poderá utilizar a lasergrafia para criar uma posição mental mais ampla.

Lasergrafia significa o que é novo e diferente, e o mundo dos negócios adora coisas novas e diferentes.

A lasergrafia soa como uma tecnologia relacionada, de algum modo, à xerografia. Em outras palavras, ela se relaciona com a última grande tecnologia da Xerox.

A lasergrafia da Xerox, empresa que é percebida como a "grafia" dos negócios.

A lasergrafia utiliza raios laser, que são percebidos como tecnologia de ponta.

A lasergrafia é o conceito que aproveita a posição da Xerox e a amplia para incluir a próxima geração de produtos.

No jogo do posicionamento, você não pode ficar parado. Você precisa estar constantemente alerta para manter sua posição voltada para os problemas e os mercados atuais.

capítulo 15

O POSICIONAMENTO DE UM PAÍS: A BÉLGICA

Com o advento de passagens aéreas relativamente baratas, estamos nos tornando rapidamente um mundo de turistas.

Antigamente, as viagens internacionais eram limitadas às pessoas mais velhas e mais ricas. Hoje, tudo isso mudou. Foi-se o tempo em que os comissários de bordo eram jovens e os passageiros, velhos. Agora, os passageiros são jovens e os comissários de bordo, velhos.

A situação da Sabena

Uma das muitas companhias aéreas do Atlântico Norte que estão concorrendo para atrair esses passageiros internacionais é uma empresa chamada Sabena Belgian World Airlines. Mas nem todos os concorrentes desse setor estão em pé de igualdade. A TWA e a Pan Am, por exemplo, tiveram, por algum tempo, entrada em muitas cidades, tanto nos Estados Unidos como na Europa.

Mas a Sabena voa sem escalas da América do Norte para uma única cidade da Europa: Bruxelas. A menos que haja um seqüestro a bordo, todo avião da Sabena vai aterrissar na Bélgica.

Embora a Sabena tivesse conseguido a parte do leão no tráfego aéreo para a Bélgica, ela estava em uma dieta rígida. Poucas pessoas estavam viajando para esse país. De cada 50 passageiros do Atlântico Norte, apenas um viajava para a Bélgica.

Na escada dos países que havia mente do potencial viajante, a Bélgica era um dos degraus de baixo. Se é que se encontrava na escada.

Bastava ver a situação para dizer o que estava errado com a publicidade da Sabena. Ela estava usando a estratégia clássica das companhias aéreas. Vender a comida e o serviço.

"Eu preciso ser um *bon vivant* para voar pela Sabena?" Perguntava um anúncio típico. Mas nem a comida mais maravilhosa do mundo vai levá-lo a voar com uma companhia aérea que não está indo para onde você quer ir.

O posicionamento do país, e não da companhia aérea

A estratégia mais produtiva da Sabena foi, obviamente, não posicionar a companhia aérea, mas o país. Em outras palavras, fazer o mesmo que a KLM fez por Amsterdam.

A Sabena tinha de fazer, da Bélgica, um lugar onde o viajante quisesse passar algum tempo. Não uma passagem para outro lugar.

Além do mais, há aqui uma moral clara e eloqüente. Não importa se você está vendendo refrigerantes, empresas ou países. Se está fora da mente das pessoas, está fora dos negócios.

A maioria dos norte-americanos sabia muito pouco a respeito da Bélgica. Eles pensavam que Waterloo era um subúrbio de Paris e que o produto mais importante da Bélgica eram os *waffles*. Muitos nem sequer sabiam onde ficava esse país.

"Se é terça-feira, então deve ser a Bélgica", era o título de um filme popular.

Mas como é que se encontra uma posição para um país? Bem, se você pensar a respeito, todos os países mais bem-sucedidos criam fortes imagens mentais.

Se você diz "Inglaterra", as pessoas logo pensam nos camponeses, no Big Ben e na Torre de Londres.

Se diz "Itália", elas pensam no Coliseu, na Basílica de São Pedro e em obras de arte.

Se diz "Amsterdã", são as tulipas, Rembrandt e aqueles maravilhosos canais.

Se você diz "França", são a comida, a Torre Eiffel e a estonteante Riviera.

Sua mente vê as cidades e os países como se estivesse vendo figuras em cartões postais mentais. Dentro de sua mente, Nova York é provavelmente um horizonte coberto por arranha-céus. São Francisco é o bondinho e a ponte Golden Gate. Cleveland é um lugar cinzento com uma porção de chaminés industriais.

Obviamente, Londres, Paris e Roma são destinos que ficam no topo da escada e que são muito populares para quem vai à Europa pela primeira vez. A Sabena tinha pouca chance de atrair esses clientes.

Mas, nos Estados Unidos, há um grande segmento de viajantes sazonais que procura visitar outros destinos, como, por exemplo, a Grécia, com suas ruínas e a Suíça, com suas montanhas.

Uma vez que o objetivo se tornou claro, encontrar uma posição não foi tão difícil.

A linda Bélgica

A Bélgica é um lindo país, que possui muitas das coisas que atraem o viajante europeu experiente. Cidades interessantes, palácios históricos, museus e galerias de arte.

Mas, o que é estranho, muitos belgas não têm uma opinião muito favorável de seu próprio país como atração turística. Essa atitude era resumida em um cartaz que costumava ficar no aeroporto de Bruxelas. Entre outras coisas, ele dizia: "Bem-vindo ao país Belga. Tempo: é bom, mas chove 220 dias por ano, em média".

Como resultado, a estratégia turística favorita da Bélgica era promover a cidade central de Bruges como "portão de entrada", que facilitava a ida para outros lugares como Londres, Paris e Roma (se você quer visitar Nova York, voe para a Filadélfia porque é perto).

Há uma importante lição, aqui. A percepção das pessoas que vivem em determinado lugar freqüentemente é diferente da percepção das pessoas que o visitam.

Muitos nova-iorquinos não conseguem ver Nova York como uma atração turística. Eles pensam nas greves dos lixeiros e se esquecem da Estátua da Liberdade. Mas Nova York atrai 16 milhões de visitantes por ano que querem ver aqueles "prédios altos".

As cidades três estrelas

Mas embora "linda" fosse uma boa posição, na verdade não bastava como tema para promover o turismo. Para posicionar um país como destino turístico, é preciso haver atrações que mantenham o viajante por ali por pelo menos alguns dias.

Ninguém considera Mônaco como um destino muito interessante porque sua atração número um, Monte Carlo, pode ser vista em apenas uma noite.

Obviamente, o tamanho é um fator importante. Os grandes países têm muitas atrações. Os pequenos estão em desvantagem (se o Grand Canyon atravessasse a Bélgica, não sobraria muito mais terra para você ver).

Descobrimos a solução para o problema geral de posicionamento da Bélgica em um dos Guias Michelin. Talvez você não saiba que o Michelin classifica não apenas os restaurantes, mas também as cidades.

A edição do Michelin dedicada ao Benelux enumera seis cidades com três estrelas que "valem um passeio especial". Cinco delas estão na Bélgica: Bruges, Ghent, Antuérpia, Brussels e Tournai.

Mas o mais surpreendente era que a grande atração turística do Norte, a Holanda, contava com apenas uma cidade de três estrelas, Amsterdã.

O anúncio resultante dessa descoberta teve como título "Na linda Bélgica, há cinco Amsterdãs". A ilustração mostrava cinco lindas fotos em cores das cidades de três estrelas da Bélgica.

Esse anúncio desencadeou um grande número de pesquisas sobre um país que muitos viajantes haviam visto apenas pela janela do trem quando iam de Amsterdã para Paris.

Uma das pesquisas veio em forma de um telefonema do ministro do turismo da Holanda ao seu colega da Bélgica. É desnecessário dizer que havia um holandês irado que queria acabar com aquela publicidade e com as pessoas que a tinham criado.

A estratégia da "cidade três estrelas" tinha três coisas importantes a seu favor.

Primeiro, ela relacionava a Bélgica com um destino que já se encontrava na mente do viajante, Amsterdã. Em qualquer programa de posicionamento, se você puder começar com uma percepção forte, economizará muitos esforços para estabelecer sua própria posição.

Em segundo lugar, o Guia Michelin, outra entidade que já estava na mente do viajante, forneceu credibilidade ao conceito.

Finalmente, as "cinco cidades para se visitar" tornaram a Bélgica um destino legítimo e confiável.

No fim das contas, o conceito das "cidades de três estrelas da linda Bélgica" acabou indo parar na televisão. A reação foi substanciosa.

Um comercial de televisão, com sua capacidade de comunicar visual e auditivamente, é capaz de colocar as imagens de um país na mente das pessoas com muito mais rapidez do que um anúncio impresso.

Também há o perigo de se utilizar mal essa mídia. Isso acontece quando suas imagens são semelhantes às que estão sendo utilizadas por outros países.

Pense naquelas ilhas do Caribe que você já viu anunciadas. Você consegue separar aquelas palmeiras e praias em sua mente? Você não invoca sempre o mesmo cartão postal mental quando alguém lhe fala em Ilhas Virgens, Nassau ou Barbados? Se não há diferença, a mente simplesmente reúne todas essas imagens em uma categoria denominada "ilhas do Caribe" e se desliga.

O mesmo pode ocorrer com aquelas aldeiazinhas excêntricas da Europa. Ou com os habitantes sorridentes acenando para você com canecas na mão. Resolvemos o problema usando as "estrelas" do Michelin como se fossem sinos de igreja que tocam ao serem sobrepostos às cenas das cidades belgas.

O que aconteceu, então?

Agora, você deve estar se perguntando por que, depois de tudo isso, você não viu quase nada a respeito da Bélgica e de suas cidades com três estrelas.

Vários acontecimentos impediram a decolagem desse programa. Todos eles contêm uma lição para os que decidem embarcar em um programa de posicionamento.

Novos gestores que não estavam comprometidos com o programa entraram em cena e, quando a matriz em Bruxelas quis mudar a estratégia, eles logo concordaram.

A lição aqui é que, para ser bem-sucedido, um programa de posicionamento requer um forte compromisso de longo prazo por parte das pessoas que se encarregam dele. Não importa se é o chefe de uma corporação, de uma igreja, de uma companhia aérea ou de um país.

Em um ambiente político que está sempre se transformando, é difícil conseguir isso.

capítulo 16

O POSICIONAMENTO DE UMA ILHA: A JAMAICA

Quando Edward Sega substituiu o socialista Michael Manley como primeiro-ministro da Jamaica, ele abriu as portas do país para o investimento capitalista.

David Rockefeller ficou tão impressionado com isso que formou um grupo com 25 líderes de corporações americanas com o propósito específico de desenvolver a Jamaica. No decorrer dos acontecimentos, os jamaicanos, encorajados pelo comitê de Rockefeller, contrataram-nos para criar uma posição para a ilha da Jamaica.

Investimentos ou turismo?

Naquela época, a Jamaica precisava dessas duas coisas. Mas qual deveria vir antes?

Obviamente, os investimentos não podiam fazer muito pelo turismo; mas muitos turistas trabalhavam para grandes empresas. Se eles voltassem da Jamaica com impressões favoráveis, poderiam muito bem encorajar suas empresas a investir na ilha. Os executivos dessas empresas gostam de investir em lugares divertidos para visitar. É por isso que se vê tão poucos investimentos no Alasca e tantos no Caribe.

Quem é que gosta de ir para Fairbanks no inverno, para fazer uma vistoria de fábrica?

A concorrência

Olhando para o Caribe da perspectiva do turista, a Jamaica tem quatro grandes concorrentes: as Bahamas, Porto Rico, as Ilhas Virgens americanas e as Bermudas. Cada um desses locais atrai mais visitantes por ano do que a Jamaica.

O que é que vem à mente quando você menciona qualquer uma dessas ilhas do Caribe? Com uma exceção, a imagem visual mais constante é a do casal em roupa de banho passeando na praia, sob as palmeiras (essa imagem de mar, areia e surfe tornou-se um clichê visual do caribe).

A exceção, naturalmente, são as Bermudas. Anos de publicidade com as motocicletas estacionadas na areia rosada construíram uma forte imagem mental.

Que também é eficaz. Nossa pesquisa mostra que, em termos de percepção, as Bermudas são o segundo lugar mais desejável para se ir, depois das Ilhas Virgens americanas. Se não fosse pelo fator tempo (as Bermudas ficam bem ao norte das outras ilhas), as Bermudas estariam em primeiro lugar.

O problema de posicionamento da Jamaica é semelhante ao da Bélgica. Como colocar um cartão postal na mente do potencial turista do Caribe?

À procura do cartão-postal

A primeira abordagem seria escolher, entre milhares de cartões-postais, aquele que fosse a imagem perfeita da ilha da Jamaica. Mas não se achava esse cartão-postal. Por uma boa razão. Se houvesse uma imagem capaz de capturar a essência da ilha, alguém já a teria encontrado e utilizado. Em outras palavras, uma imagem já estaria gravada na mente de pelo menos algumas pessoas.

A segunda abordagem seria visitar a Jamaica e tirar centenas ou milhares de fotos tentando capturar esse cartão-postal ideal. Não é de surpreender que nada suficientemente bom tenha aparecido.

A terceira abordagem era aquela que deveria ter sido usada em primeiro lugar. Entrar na mente do potencial turista e observar que imagens mentais já existiam lá. E depois escolher uma para relacionar com a Jamaica.

Qual é a essência verbal da Jamaica? Um antigo anúncio dizia: "Jamaica é a grande ilha verde no Caribe das praias desertas, montanhas frias, amplas pastagens, planícies abertas, rios, corredeiras, cascatas, lagos, boa água potável e matas no interior.

Isso não soa familiar? Não lhe faz lembrar algum destino turístico muito popular no Pacífico?

A conexão com o Havaí

É isso mesmo. O Havaí. A maioria das pessoas tem uma imagem mental das grandes montanhas vulcânicas que terminam no mar azul.

Essa é uma visão que você também tem quando se aproxima da ilha da Jamaica, o Havaí do Caribe.

O Havaí do Caribe torna-se um conceito ainda mais poderoso quando você compara a Jamaica com suas quatro maiores concorrentes. O quadro seguinte mostra os pontos mais altos de cada destino turístico.

Bermudas	78 m
Bahamas	122 m
Ilhas Virgens Americanas	474 m
Porto Rico	1.337 m
Jamaica	2.256 m

Com 2.256 m, a Montanha Azul da Jamaica é mais alta do que qualquer ponto dos Estados Unidos a leste do Rio Mississippi.

Outra importante comparação é o tamanho de cada um desses destinos turísticos. O quadro a seguir fornece o comprimento da maior ilha em cada destino.

Bermudas	6,4 km
Bahamas	12,8 km
Ilhas Virgens Americanas	12 km
Porto Rico	80 km
Jamaica	100 km

A Jamaica também é muito maior do que qualquer uma de suas concorrentes. Ela tem centenas de milhas de praias e duas cadeias de montanhas vulcânicas, cujo pico mais alto se encontra a mais de 2 mil metros. Isso reforça as vantagens de "mais para ver, mais para fazer" que também estão implícitas na conexão com o Havaí.

Conceitualmente, essa abordagem diz aos turistas que as coisas que os levam a fazer uma longa viagem ao Havaí (belezas naturais, grandes montanhas verdes, lindas praias, excelente clima o ano inteiro) podem ser encontradas bem mais perto de casa, logo ali no Caribe.

A Jamaica ainda podia copiar uma das mais bem-sucedidas ações de marketing do Havaí: levar flores aos turistas no aeroporto.

A Jamaica tem lindas flores e esse gesto, mais que tudo, diria que ela é um lugar acolhedor e bonito.

Benefícios da posição "havaiana"

"O Havaí do Caribe" fornece uma rápida analogia visual. A Jamaica não pode dar-se o luxo de construir essa imagem ao longo dos anos. Transferir os cartões-postais mentais do Havaí para a Jamaica economiza muito tempo e dinheiro.

Além do mais, o conceito diferencia muito a Jamaica dos outros pontos turísticos do Caribe.

Um cartaz intitulado "A visão que um cartógrafo tem do Caribe" provou esse ponto de maneira muito gráfica. Ele mostrou cada um dos pontos turísticos desenhados em escala (você precisaria de uma lente de aumento para encontrar as Bermudas).

Outro grande benefício da analogia com o Havaí é a plataforma que ela fornece para os programas dos europeus. Se você vive na Europa, o Havaí está muito longe.

Se você está se perguntando por que é que nunca ouviu falar muito no Havaí do Caribe, terá de perguntar ao Sr. Sega. Ele é conhecido como uma espécie de Ronald Regan do Caribe, mas "é realmente o Jimmy Carter da Jamaica", como disse um assessor de Rockefeller a *The Wall Street Journal*. "Ele é a pessoa que se envolve nos detalhes e se aflige com cada questão."

Presumivelmente, ele está até agora se afligindo com esta.

capítulo 17

O POSICIONAMENTO DE UM PRODUTO: O MILK DUDS

A marca é Milk Duds, um produto da Switzer Clark. Milk Duds é um caramelo que vem em uma caixinha amarela e marrom. Ele tinha a reputação de ser um doce de "cinema" para os adolescentes, mas a empresa queria ampliar os negócios do Milk Duds para incluir as crianças.

Olhando no espelho

O primeiro passo em qualquer programa de posicionamento é olhar o que existe na mente do potencial cliente.

E quem é o potencial cliente do Milk Duds? Não é nenhum garotinho que não sabe o que quer. As pesquisas indicam que o melhor cliente potencial do Milk Duds é um comprador de doces sofisticado. Ele já entrou em confeitarias centenas de vezes, no mínimo.

O cliente potencial do Milk Duds tem dez anos de idade. Ele é um comprador cauteloso, desconfiado e econômico, que está sempre buscando valor agregado.

Muitos programas de posicionamento não são mais que uma busca do óbvio. Porém, é fácil errar o alvo do óbvio se você mira com excessiva rapidez no produto em si (como ocorre no conto "A Carta Roubada", de Edgar Allan Poe, o óbvio freqüentemente é difícil de achar porque está muito à vista, é óbvio demais).

O que é que vem à mente do potencial cliente quando surge o assunto "caramelos"? Não é o Milk Duds, embora o garoto comum de dez anos tenha uma vaga percepção da marca.

Para a maioria dos garotos de dez anos, a vontade de comer doces invoca imediatamente o conceito de caramelos em barra.

Barras como as da Hershey, da Nestlé, da Mound, da Almond Joys, da Reese, da Snicker, da Milky Way, são colocadas na cabeça das crianças por anúncios de milhões de dólares.

O reposicionamento da concorrência

Como o Milk Duds tinha apenas uma pequena fração de todo esse dinheiro que se investe em publicidade, seria inútil tentar criar uma identidade separada para a marca. A única maneira de fazer o Milk Duds entrar na mente das crianças seria encontrar um modo de reposicionar a categoria de caramelos em barra.

Em outras palavras, encontrar um modo de fazer os milhões de dólares gastos pelos concorrentes trabalharem para o Milk Duds, estabelecendo a marca como uma alternativa para o caramelo em barra (pouco se ganharia em colocar outro nome de barra de caramelo na mente já sobrecarregada dos garotos).

Felizmente, a concorrência dos caramelos em barra apresentava uma fraqueza evidente que podia ser explorada. Essa fraqueza é óbvia quando você olha para o tamanho, a forma e o preço da barra atual da Hershey.

Uma barra de caramelo simplesmente não dura muito tempo. Uma criança pode acabar com uma barra de meio dólar da Hershey em apenas 2,3 segundos.

Há uma forte subcorrente de insatisfação entre os consumidores de caramelos estadunidenses. Conforme as barras foram encolhendo, essa insatisfação foi aumentando.

"Minha mesada não dura muito quando eu compro barras de caramelos."

"Ou eu estou comendo mais depressa ou as barras estão ficando menores."

"Você pode chupar uma barra de caramelo muito depressa hoje em dia."

Esse é o ponto fraco, suave e achocolatado, da concorrência entre as barras de doces.

As barras Milk Duds são diferentes. Elas vêm em uma caixa, em vez de vir em embalagens individuais. Elas oferecem, às crianças, 15 caramelos individuais de lento consumo cobertos de chocolates.

Comparada com uma barra de caramelo, uma caixa dessas dura muito (se você tentar encher a boca com uma caixa inteira, os doces vão cimentar suas mandíbulas, e elas não poderão abrir-se). É exatamente por isso que o produto tem sido tão popular nos cinemas.

Então, qual é a nova posição da Milk Duds?

A alternativa de longa duração

Ora, é a alternativa de longa duração para a barra de caramelo nos Estados Unidos.

Se isso parece ser a resposta óbvia para você, não o era para as pessoas que estavam acostumadas a fazer os anúncios do Milk Duds. Em uns 15 anos de comerciais televisivos do Milk Duds, não havia nenhuma referência à idéia de longa duração.

Façamos um passeio mental por um comercial de televisão de 30 segundos para ver como a idéia de longa duração foi adoçada para beneficiar as crianças de dez anos.

1. Era uma vez uma criança que tinha uma boca muito grande... (uma criança está de pé, ao lado de uma boca enorme).
2. ... que amava barras de caramelo (a criança está enfiando uma barra de caramelo depois da outra dentro da boca).
3. ... mas elas não duravam muito (acabam-se as barras da criança, e a boca fica muito zangada).
4. Então ela descobriu os caramelos com cobertura de chocolate da Milk Duds (a criança segura o Milk Duds, e a boca começa a lamber os beiços).
5. A boca adorou os Milk Duds porque eles duram muito (a criança faz os Milk Duds rolarem um a um, devagar, na língua da boca).
6. (Então, a criança e a boca cantam juntas um dueto, que é a música da campanha). Quando as barras de caramelo comum acabam, você ainda está comendo seu Milk Duds.
7. Coloque alguns Milk Duds na boca (grandes sorrisos, tanto da criança como da boca).

Funcionou?

Não apenas o anúncio de televisão inverteu uma tendência de queda das vendas, mas, nos meses seguintes, a empresa vendeu mais Milk Duds do que jamais havia vendido em toda a sua história.

Se há uma lição importante a ser aprendida com o exemplo da Milk Duds, é esta: a solução para um problema de posicionamento geralmente se encontra na mente do potencial cliente, e não no produto.

capítulo 18

O POSICIONAMENTO DE UM SERVIÇO: O MAILGRAMA

Qual é a diferença entre o posicionamento de um produto (como o Milk Duds) e o de um serviço (como o mailgrama da Western Union)?

Não muita, especialmente do ponto de vista estratégico. A maior parte das diferenças está nas técnicas.

Visual *versus* verbal

No anúncio de um produto, o elemento dominante geralmente é a imagem, o elemento visual. No anúncio de um serviço, o elemento dominante geralmente são as palavras, o elemento verbal (por isso, quando você vê um anúncio com uma grande foto de automóvel, presume que o carro é que está sendo anunciado, e não o serviço de aluguel de carros).

Para um produto como o Milk Duds, a mídia primária era a televisão, um veículo voltado para a visão.

Para um serviço como o mailgrama, a mídia primária era o rádio, um veículo voltado para as palavras.

Naturalmente, há muitas exceções para esses princípios. Se todos sabem como é o produto, não há vantagem em utilizar a impressão, a televisão, ou outras formas de mídia visual.

Ao contrário, se um serviço pode usar com eficácia um símbolo visual (O. J. Simpson para a Hertz, por exemplo), então a mídia visual pode, com freqüência, ser producente.

Apesar das exceções, é surpreendente ver com que freqüência essas generalidades visuais e verbais se sustentam. Em um teste com quatro mídias – jornais, revistas, rádio e televisão – para o mailgrama, a mídia mais eficaz foi o rádio. Mas a essência da história do mailgrama é a estratégia, e não a mídia. Antes de discutir a estratégia, pode ser útil dar uma olhada no modo como o sistema funciona.

Correio eletrônico

Desenvolvido juntamente com o Serviço Postal dos Estados Unidos e inaugurado em uma base experimental limitada em 1970, o mailgrama é o primeiro correio eletrônico do país.

Para enviar um mailgrama, você chama a Western Union, que transmite a mensagem eletronicamente até o correio mais próximo ao destinatário. O mailgrama é entregue no próximo dia útil.

Além de enviar mailgramas por telefone, o cliente pode também enviá-los por telex, TWX, fita magnética, computador, fax ou máquina de escrever interconectada.

Por que esmiuçar os aspectos técnicos? Por que discutir os complexos detalhes do sistema de mailgrama?

Para provar um ponto importante. A maior parte dos programas de publicidade nunca vai além dos detalhes do produto ou do serviço que é posto à venda. Quanto mais interessante e complexo é o serviço, é mais provável que isso aconteça. O pessoal de marketing que é responsável pelo lançamento do produto empacota tudo no serviço e se esquece de tudo o que diz respeito ao cliente. Na verdade, a abordagem tradicional teria sido lançar o mailgrama como um "novo serviço de comunicação eletrônica, automatizado e computadorizado" ou algo desse tipo (a Western Union gasta milhões somente em programação de computadores, para não mencionar a enorme despesa com as estações terrestres, os satélites etc.).

O telegrama de baixo custo

Independentemente de quanto dinheiro você gastou do grau de interesse tecnológico do seu serviço, para penetrar na mente do potencial cliente, você tem de estabelecer uma relação com o que existe lá dentro. Você não pode fugir da posição que já ocupa na mente dele.

E o que já existe na mente do potencial cliente? O telegrama, naturalmente.

Sempre que você menciona o nome "Western Union", a mente comum invoca a mensagem amarela mais famosa da história do mundo. E a parte "grama" do nome mailgrama apenas reforça essa percepção.

Então, qual é a diferença entre o novo grama e o velho grama?

Bem, a principal diferença é o preço. Ambos têm o mesmo formato telegráfico e exigem atenção imediata. Mas o telegrama amarelo custa três vezes mais caro que a mensagem azul e branca do mailgrama.

Portanto, o tema do posicionamento desenvolvido para o mailgrama foi simples. "Mailgrama: o impacto de um telegrama por uma fração do custo."

A esse ponto, alguém disse o seguinte: "Espere um minuto. Por que posicionar o mailgrama em contraste com o telegrama, que também é um serviço da Western Union? Por que tirar os nossos próprios negócios?

Além do mais, o telegrama é um negócio em declínio. Por que comparar um serviço novo e moderno, como o mailgrama, com um serviço antiquado, que já passou do tempo? O telegrama ainda tem um importante papel a desempenhar, mas não é um negócio que está em crescimento."

A lógica é impecável. Mas, como acontece com freqüência, a lógica não é necessariamente a melhor estratégia para lidar com a mente humana. Ainda assim, a lógica era tão forte nesse caso, que valia a pena repensar o conceito. Especialmente porque havia outra estratégia de posicionamento que também tinha seus méritos.

A carta de alta velocidade

Na verdade, o próprio nome mailgrama sugere uma segunda abordagem de posicionamento. Nós podíamos relacionar o mailgrama com o correio dos Estados Unidos (U.S. Mail).

Além disso, se a Western Union queria que o mailgrama tirasse o negócio de outro serviço, os números sugeriam que seria muito melhor posicionar o serviço em relação ao correio comum.

Há poucos anos, 68 bilhões de cartas de primeira classe eram colocadas nas caixas de correio do país. Isso significava 815 cartas de primeira classe por família a cada ano.

O telegrama gerava apenas uma fração minúscula desse volume.

Portanto, um segundo tema foi desenvolvido. "Mailgrama: um novo serviço de alta velocidade para mensagens importantes."

Qual era a melhor abordagem? Apesar das controvérsias, a teoria do posicionamento sugeria que o "telegrama de baixo custo" era uma direção melhor do que a "carta de alta velocidade". Mas o mailgrama era importante demais para que a Western Union tomasse uma decisão apenas com base em opiniões. Portanto, as duas campanhas foram testadas no mercado, e dados de computador foram utilizados para acompanhar os resultados.

Baixo custo *versus* alta velocidade

O teste em si era maciço. Mercados minúsculos, como Peoria, nem sequer foram considerados. As seis cidades em que o mailgrama foi testado foram Boston, Chicago, Houston, Los Angeles, Filadélfia e São Francisco. Todas elas, grandes e importantes centros de comunicação.

Quem ganhou? Na verdade, as duas campanhas foram eficazes. Aqui estão as informações sobre o aumento de volume do mailgrama nas cidades testadas durante as 13 semanas do programa de pesquisa.

Cidades onde se anunciou a carta de alta velocidade	mais 73%
Cidades onde se anunciou o telegrama de baixo custo	mais 100%

Esses números, por si sós, bastaram para provar a superioridade da posição do "telegrama de baixo custo". Mas o que realmente decidiu a questão foram os níveis de percepção do produto nas cidades testadas, medidos antes e depois do programa.

Aqui estão os números relativos à quantidade de pessoas que foram capazes de descrever corretamente o que era um mailgrama antes que a publicidade impressa e irradiada começasse.

Cidades onde se anunciou a carta de alta velocidade	27%
Cidades onde se anunciou o telegrama de baixo custo	23%

Estatisticamente, essa não é uma grande diferença. Ela indica que as cidades testadas ficaram em pé de igualdade. Em outras palavras, cerca de um quarto do mercado já conhecia o serviço de mailgrama.

Porém, depois da campanha de publicidade, houve uma grande diferença entre os dois grupos de cidades. Aqui estão os níveis de percepção do mailgrama 13 semanas mais tarde.

Cidades onde se anunciou a carta de alta velocidade	25%
Cidades onde se anunciou o telegrama de baixo custo	47%

Por mais inacreditável que possa parecer, a percepção das cidades onde foi anunciada a carta de alta velocidade diminuiu de 27% para 25% (na verdade, isso não é estatisticamente significativo).

Mas, então, de onde veio o aumento de volume nas cidades onde se anunciou a carta de alta velocidade? Obviamente, das pessoas que já sabiam o que era um mailgrama e que foram lembradas de usar o serviço pelo anúncio.

A história das cidades em que se anunciou o telegrama de baixo custo foi completamente diferente. A percepção do mailgrama mais que dobrou: de 23%, foi para 47%.

Isso não foi um apenas grande salto, mas os números sugeriam a probabilidade de que o volume de mailgramas continuasse aumentando por muito tempo.

A Western Union também mediu o volume dos telegramas nas cidades testadas antes, durante e depois do anúncio. O volume se manteve razoavelmente estável. Na verdade, a empresa percebeu que anunciar o mailgrama como o telegrama de baixo custo ajudava o volume de telegramas, em vez de prejudicá-lo.

E o que aconteceu ao mailgrama desde que se adotou essa estratégia de publicidade? Os números relativos ao volume contam a história.

1972	6 milhões
1973	11 milhões
1974	20 milhões
1975	23 milhões
1976	25 milhões
1977	28 milhões
1978	33 milhões
1979	37 milhões
1980	39 milhões
1981	41 milhões

Após dez anos de sucesso, a Western Union decidiu mudar a estratégia do mailgrama. Em vez de "impacto", a nova estratégia enfatizava a "entrega no dia seguinte". Portanto, ela contratou uma nova agência de publicidade para desenvolver o programa.

Mais uma vez, os números relativos ao volume contam a história.

1981	41 milhões
1982	37 milhões
1983	30 milhões
1984	22 milhões

Raramente se encontra um exemplo tão evidente da diferença entre a estratégia de publicidade boa e a ruim (a maior parte dos exemplos é encoberta por outros fatores). Mas, no caso do mailgrama, no momento em que a estratégia mudou, o volume caiu.

O seu problema, portanto, não é criar uma boa estratégia. Igualmente importante é a coragem de que você vai precisar para ficar martelando o mesmo tema, ano após ano.

capítulo 19

O POSICIONAMENTO DE UM BANCO EM LONG ISLAND

Assim como a Western Union, os bancos vendem um serviço, e não um produto. Porém, diferentemente de um mailgrama, que é um serviço nacional, o serviço bancário nos Estados Unidos ainda é regional.

De fato, posicionar um banco é como posicionar uma loja de departamentos, uma loja de eletrodomésticos ou qualquer outro tipo de estabelecimento de varejo. Para posicionar um canal de varejo com sucesso, você deve conhecer bem o território.

A situação dos bancos em Long Island

Para entender como desenvolvemos uma posição para a Long Island Trust Company, você precisa saber algumas coisas a respeito do seu território.

Durante muitos anos, o Long Island Trust era o principal banco da ilha. Era o maior banco, o que tinha o maior número de agências e o que ganhava mais dinheiro.

Nos anos 1960, porém, a batalha entre os bancos em Long Island mudou dramaticamente. Uma nova lei permitiu a atividade irrestrita de agências em todo o estado de Nova York.

Desde então, muitos dos bancos da cidade de Nova York trataram de entrincheirar-se firmemente na área de Long Island. Bancos como o Citibank, o Chase Manhattan e o Chemical Bank.

Além disso, muitas das pessoas que moravam em Long Island iam trabalhar todos os dias na cidade de Nova York e realizavam parte de suas atividades bancárias nesses mesmos bancos.

Mas a intrusão dos bancos da cidade grande no território do Long Island Trust foi apenas parte do problema. O território que realmente conta é a mente do potencial cliente do banco. E um pouco de pesquisa revelou muitas más notícias.

Mapeando a mente do potencial cliente

A essa altura, você já sabe como é importante conhecer o que passa na mente do potencial cliente. Não apenas no que diz respeito ao seu produto ou serviço, mas também às ofertas da concorrência.

Freqüentemente, essa percepção é intuitiva. Ninguém precisa de um projeto de pesquisa de 20 mil dólares para saber que a Western Union é fortemente identificada com o telegrama. Nem é necessária muita pesquisa para saber quais são as posições de mercado do Milk Duds, da Bélgica e da Xerox.

Com muita freqüência, porém, pode ser extremamente útil mapear a mente do potencial cliente com uma pesquisa de posicionamento formal. Isso é útil, não apenas para se criar uma estratégia, mas para vender essa estratégia para a alta gerência (o presidente que está em uma empresa há 30 anos obviamente a vê diferentemente de um potencial cliente cujo contato com ela, nos mesmos 30 anos, é medido em minutos ou até mesmo em segundos).

"Mapear a mente do potencial cliente" se faz normalmente com uma técnica de pesquisa denominada "diferencial semântico". Esse foi o procedimento utilizado para se desenvolver um programa de posicionamento para a Long Island Trust Company.

Na pesquisa de diferencial semântico, o potencial cliente recebe um conjunto de atributos e é solicitado a classificar cada concorrente em uma escala, geralmente de um a dez.

Por exemplo: o preço pode ser um dos atributos. Na área de automóveis, é óbvio que o Cadillac pode ser classificado na faixa mais nobre do mercado e o Chevette, na menos nobre.

No setor bancário, quase não há percepção de preço, de modo que outros atributos foram selecionados. Foram eles: (1) muitas agências, (2) linha de serviços completa, (3) qualidade dos serviços, (4) muito capital, (5) ajuda aos moradores de Long Island e (6) ajuda à economia de Long Island.

Os quatro primeiros atributos são as razões tradicionais para uma pessoa fazer negócios com determinado banco. Os dois últimos são exclusivos da situação de Long Island.

Quanto às razões tradicionais, a situação do Long Island Trust era fraca. Os potenciais clientes o classificaram em último lugar nos quatro atributos.

Muitas agências	
Chemical	7,3
National Bank of North America	6,7
European American	6,6
Chase Manhattan	6,4
Citibank	6,1
Long Island Trust	5,4

Linha de serviços completa	
Chemical	7,7
Citibank	7,7
Chase Manhattan	7,6
National Bank of North America	7,4
European American	7,3
Long Island Trust	7,0

Qualidade dos serviços	
Chemical	7,2
Citibank	7,0
National Bank of North America	7,0
Chase Manhattan	6,9
European American	6,8
Long Island Trust	6,7

Grande volume de capital	
Chemical	8,2
Chase Manhattan	8,2
Citibank	8,1
National Bank of North America	7,8
European American	7,7
Long Island Trust	7,1

Porém, as posições se inverteram quando os atributos diziam respeito apenas a Long Island.

Eis como os entrevistados classificaram os seis bancos quanto aos atributos específicos de Long Island:

Ajuda aos moradores de Long Island	
Long Island Trust	7,5
National Bank of North America	6,6
European American	5,2
Chemical	5,1
Chase Manhattan	4,7
Citibank	4,5

Ajuda a economia de Long Island	
Long Island Trust	7,3
National Bank of North America	6,7
European American	5,4
Chemical	5,4
Citibank	5,3
Chase Manhattan	4,9

Quando os atributos se referiram a Long Island, o Long Island Trust Company foi direto para o topo. Esse resultado não é de surpreender quando se considera o poder do nome.

O desenvolvimento da estratégia

Que abordagem o Long Island Trust devia adotar? A sabedoria convencional diz que você deve aceitar seus pontos fortes e trabalhar para melhorar os fracos. Em outras palavras, que você deve publicar anúncios que falem aos potenciais clientes sobre o serviço formidável, os caixas amigáveis etc.

Mas a sabedoria convencional não é o raciocínio do posicionamento. A teoria do posicionamento diz que você deve começar com aquilo que o potencial cliente já está disposto a lhe oferecer.

E a única coisa que o potencial cliente deu ao Long Island Trust foi a "posição Long Island". Aceitar essa posição permitiu que o banco repelisse a invasão dos bancos da cidade grande. O primeiro anúncio já afirmou o tema.

> Por que mandar seu dinheiro para a grande cidade se você vive na Ilha?
>
> Faz sentido manter seu dinheiro perto de casa. Não em um banco da cidade. Mas no Long Island Trust. Onde ele pode trabalhar para Long Island.
>
> Afinal, nós nos concentramos no desenvolvimento de Long Island.
>
> Não no desenvolvimento da Manhattan Island. Ou de alguma ilha no Kuwait.
>
> Pergunte a si mesmo: quem é que se preocupa mais com o futuro de Long Island?
>
> Um banco que chegou agora e que tem centenas de outras agências na grande área metropolitana além das afiliadas em cinco continentes?
>
> Ou um banco como o nosso, que já está aqui há mais de 50 anos e tem 33 agências em Long Island?

O segundo anúncio apresentava a foto de palmeiras diante de um edifício com uma placa do Citibank North America.

> Para uma cidade grande, uma filial em Nassau não fica necessariamente na sua Nassau.

É muito provável que ela se situe nas Bahamas. Esse é um dos locais favoritos dos bancos da cidade grande. De fato, as instituições multinacionais têm uns 75 bilhões de dólares em empréstimos concentrados nas Bahamas e nas Ilhas Cayman.

Não há nada de errado nisso. Exceto pelo fato de que isso não lhe traz muito benefício se você vive em Long Island.

Long Island não é apenas o nosso local favorito, é o único local onde estamos. Temos 18 agências em Nassau (aqui, na região de Nassau) e 16 em Queens e Suffolk.

E já estamos aqui há muito tempo, há mais de meio século. Estamos tão envolvidos financeiramente com a região, que 95% de nossos empréstimos e de nossos serviços são fornecidos aos habitantes de Long Island, assim como a suas casas, escolas e negócios.

Outros anúncios da campanha apresentavam temas semelhantes:

"A cidade é um ótimo lugar para se visitar, mas é lá que você prefere fazer suas transações bancárias?"

"Para um banco de cidade, a única ilha que realmente conta é Manhattan" (um minúsculo desenho de Long Island fica ainda menor diante de um enorme desenho de Manhattan).

"Se as coisas ficam difíceis, será que os bancos da cidade não voltam para a cidade?"

Quinze meses depois, repetiu-se a mesma pesquisa. Observe como a posição do Long Island Trust melhorou em cada um dos atributos.

Muitas agências

Long Island Trust	7,0
National Bank of North America	6,8
Chemical	6,6
Citibank	6,5
Chase Manhattan	6,1
European American	6,1

Do último para o primeiro lugar na categoria "muitas agências". Apesar de o Chemical Bank, por exemplo, ter mais que o dobro de agências em Long Island.

Linha de serviços completa	
Citibank	7,8
Chemical	7,8
Chase Manhattan	7,6
Long Island Trust	7,3
National Bank of North America	7,3
European American	7,2

Em "linha de serviços completa", o Long Island Trust subiu dois lugares. Foi do sexto para o quarto lugar.

Qualidade dos serviços	
Citibank	7,8
Chemical	7,6
Chase Manhattan	7,5
Long Island Trust	7,1
National Bank of North America	7,1
European American	7,0

Em "qualidade dos serviços", o Long Island Trust também subiu do sexto para o quarto lugar.

Grande volume de capital	
Long Island Trust	7,0
Chemical	6,7
Citibank	6,7
National Bank of North America	6,6
Chase Manhattan	6,6
European American	6,4

Em "grande volume de capital", o Long Island Trust foi, do último, para o primeiro lugar.

Os resultados ficaram evidentes, não apenas na pesquisa, mas também nas agências do banco. "Com o apoio de nossa agência de publicidade, que foi pioneira no conceito amplamente aceito de posicionamento", dizia o relatório anual do banco, "o nosso principal banco, Long Island Trust, passou a ser o banco preferido de Long Island para os moradores de Long Island. A aceitação da campanha foi imediata e gratificante."

Você pode achar que a idéia de um banco promover a área em que atua é uma idéia óbvia. E, de fato, é.

Mas as melhores idéias de posicionamento são tão simples e óbvias que a maioria das pessoas as subestima.

capítulo 20

O POSICIONAMENTO DE UM BANCO EM NOVA JERSEY

O banco é o United Jersey, com 116 agências no Estado de Nova Jersey.

O United Jersey não está na mesma situação do Long Island Trust (não existe nenhuma abordagem de posicionamento que funcione para todos os casos). Há muitas diferenças entre os dois bancos, e a mais importante é que, diferentemente do Long Island Trust, o United Jersey não é o maior banco local em seu território de marketing (essa distinção pertence ao First Fidelity e, em segundo lugar, ao Midatlantic; o United Jersey vem em terceiro lugar).

Como encontrar uma posição viável para um banco

Uma coisa que o United Jersey tem em comum com o Long Island Trust é seu ambiente de marketing. Ambos operam à sombra do Citibank, do Chase Manhattan, do Chemical, do Manufacturers Hanover e de outros grandes bancos da cidade de Nova York. Isso, no extremo norte do território.

No sul, o United Jersey opera à sombra dos grandes bancos da Filadélfia (Mellon, First Pennsylvania).

O problema de encontrar uma posição bancária viável complica-se com o fato de que os serviços oferecidos pelo United Jersey são semelhantes aos de seus concorrentes. Os regulamentos estaduais e federais é que determinam isso.

A única abordagem que funciona aqui é a do Tylenol. Você não encontra a solução para o problema de posicionar um banco estudando o banco. Você a encontra estudando a concorrência, assim como fez o Tylenol ao estudar os problemas da aspirina.

Em uma ponta da escala, o United Jersey concorre na selva do marketing conhecida como a cidade metropolitana de Nova York.

E se trata realmente de uma selva bancária. Apenas em Manhattan, há 389 bancos. Isso sem mencionar o Brooklin, o Queens, o Bronx, Staten Island e todo o Estado de Nova Jersey.

O rei e a rainha da selva são o Citibank e o Chase Manhattan. Esses são bancos grandes. Só em Manhattan, o Citibank tem 74 agências.

Mas como é que se encontram pontos fracos no Citibank, que tem quase tantos vice-presidentes quanto o United Jersey tem empregados?

A desvantagem de ser grande

O problema de encontrar uma vantagem significativa para o United Jersey pode ser tratado quando se observam as desvantagens de seus concorrentes da cidade grande.

Por que posicionar o United Jersey em relação aos grandes bancos? Por que não assumir a categoria das pequenas instituições financeiras? A razão para ir contra os grandes bancos é que eles é que se encontram na mente dos clientes. E o posicionamento sempre trata de lidar com o que já se encontra na mente.

A desvantagem de ser grande é fornecer um serviço lento. Como dizia um antigo anúncio da Avis, "Alugue conosco. A fila nos balcões é menor". Os bancos também não deveriam fazer os clientes perder tempo. Criamos uma estratégia de posicionamento para o United Jersey intitulada "o banco que anda depressa". Essa estratégia tinha dois aspectos fundamentais:

- **A.** Explorar a única fraqueza verdadeira dos grandes bancos metropolitanos de Nova York: sua reação lenta.
- **B.** Encorajar os gerentes do United Jersey a garantir que o desempenho do banco atendesse à promessa do anúncio. Isso acabou tomando a forma de sete compromissos-chave:

1. **Descentralizar as decisões.** O United Jersey deslocou a tomada de decisões para o nível local (uma de suas comissões de empréstimo tem o poder de aprovar um empréstimo de 10 milhões de dólares, e essa equipe se reúne todos os dias). Em dez centros bancários co-

merciais de todo o estado, outros executivos locais podem conceder empréstimos com rapidez.

2. **Treinamento abrangente.** O United Jersey passou a treinar seus funcionários para fazer todos os tipos de serviços bancários, e não apenas serviços específicos. Portanto, quando um cliente tem uma pergunta, ele não precisa esperar pela resposta enquanto a pergunta é levada a outra pessoa.
3. **Compromisso com a eletrônica.** O sistema de caixas automáticos (ATMs ou *Automatic Teller Machines*) do United Jersey é a maior rede privada de todo o estado. Os clientes corporativos do United Jersey podem comunicar-se diretamente *on-line* com os computadores do banco para obter balanços e respostas a outras questões diárias.
4. **Depósitos automáticos rápidos.** O pessoal do United Jersey recolhe os cheques seis vezes por dia nos dias úteis e quatro vezes por dia nos fins de semana. O caixa automático de Newark tem um código postal particular. O United Jersey esvazia os caixas e abastece as contas dos clientes com a maior rapidez possível.
5. **Terminais FACT** (*Fast Authorization of Cashless Transactions* – Autorização Rápida de Transações sem Envolver Dinheiro). Com esses terminais instalados, os comerciantes aproveitam as vantagens da rápida aprovação eletrônica. E aprovações mais rápidas com risco minimizado significam melhor fluxo de caixa.
6. **Pronta resposta.** Não importa se o United Jersey é o primeiro a lançar um novo produto ou se acompanha as taxas dos concorrentes; ele está comprometido a oferecer uma pronta resposta às necessidades financeiras do cliente.
7. **Localização central.** O United Jersey construiu sua nova matriz corporativa em Princeton. Do centro geográfico do estado, ele fica a menos de uma hora de carro de qualquer de seus clientes de negócios, e a menos tempo ainda de helicóptero.

A publicidade do banco que anda depressa

Quando o desempenho do banco chegou à altura de cumprir com as promessas que a publicidade tinha a intenção de fazer, então a publicidade começou a fazer essas promessas. Enfocando os pontos fracos da concorrência, naturalmente.

Cada comercial de televisão contrastava os banqueiros do United Jersey com suas contrapartes de um banco batizado com o extravagante nome de "Banco Letárgico Nacional" ("*Lethargic National Bank*"). Em um desses comerciais, a aprovação de um empréstimo no Banco Letárgico demorava a vida toda. Em outro, um executivo do Letárgico desaparecia quando um cliente lhe pedia uma resposta rápida para suas perguntas. E, no terceiro comercial, um casal observava os executivos do Letárgico se movendo em câmera lenta para conceder um simples empréstimo para cobrir dívidas.

As vinhetas humorísticas enfatizavam o argumento de que o United Jersey "valoriza o seu tempo, assim como o seu dinheiro".

A publicidade impressa também explorou o tema do "banco que anda depressa". Dois exemplos de anúncios eram: "A pressa faz dinheiro" e "Os bancos não devem fazer as pessoas perderem tempo".

Tabuletas com os dizeres "Tempo é dinheiro" foram distribuídas a todos os gerentes do United Jersey, como um lembrete pouco sutil para eles não deixarem os clientes esperando.

E isso funcionou?

Segundo todas as avaliações realizadas, a estratégia do banco que anda depressa foi um grande sucesso para o United Jersey. A publicidade espontânea, por exemplo, quase triplicou em pouco mais de um ano.

Os negócios e os lucros decolaram. Um ano após o início do programa, o United Jersey anunciou que os ganhos haviam subido 30 milhões de dólares, o que representava um aumento de 26% em relação ao ano anterior.

Um termômetro ainda mais importante da mudança foi a atitude dos empregados. Um executivo do United Jersey relatou: "o anúncio com imagens é excelente, mas a melhor coisa que eu vejo acontecer é que nosso pessoal, os gerentes de linha etc., estão lutando para manter o padrão de rapidez... e estão conseguindo mantê-lo! Eu estou vendo uma tremenda mudança de atitude desde que a campanha começou. As aprovações são mais rápidas. As pessoas não adiam as coisas."

A essência de uma boa estratégia de posicionamento é que ela transcende todos os aspectos de uma empresa. Você sabe que tem um vencedor quando levanta a bandeira da empresa e todos a saúdam.

capítulo 21

O POSICIONAMENTO DE UMA ESTAÇÃO DE ESQUI: STOWE

Existem mais de mil estações de esqui com "grife" nos Estados Unidos. Como a mente do esquiador comum somente consegue reter uma fração dessas grifes, o problema de posicionar uma estação de esqui pode ser difícil de resolver.

Mas quando o nome é Stowe, o problema fica bem mais simples. Isso porque o nome Stowe já é bem conhecido. "Para mim, Stowe é a estação de esqui fundamental da costa leste", diz o colunista da *Advertising Age*, James Brady, "assim como Aspen é a da costa oeste, Val d'Isère é a da França e Kitzbühel, a da Áustria".

Por que, então, uma posição para Stowe?

Com esse tipo de reputação, por que a Stowe precisava de uma posição? Não bastava anunciá-la e deixar que o esquiador evocasse a imagem da estação de esqui?

Até certo ponto, isso faz sentido. A reputação de um produto como Steinway ou de um lugar como Stowe corre de boca em boca e cria a reputação de ano a ano. Mas o posicionamento adequado pode enfatizar o boca a boca e contribuir para o processo. Na essência, o posicionamento fornece material para a conversa das pessoas.

E a respeito do quê os esquiadores conversam? James Brady é quem melhor explica isso. Eles conversam a respeito de lugares para esquiar, lugares como Aspen, Val d'Isère e Kitzbühel.

Com essa informação em mente, iniciamos a pesquisa de uma posição para Stowe. A situação parecia exigir um especialista de fora, uma pessoa capaz de dar credibilidade a uma comparação.

As dez melhores estações de esqui do mundo

A famosa jornalista e escritora especializada em viagens e esqui, Abby Rand, forneceu essa credibilidade. Como jornalista da *Harper's Bazaar*, ela escolheu as dez melhores estações de esqui do mundo. Uma era Stowe, em Vermont. As outras eram: Aspen, no Colorado; Courchevel, na França; Jackson Hole, em Wyoming; Kitzbühel, na Áustria; Portillo, no Chile; St. Cristoph, na Áustria; St. Moritz, na Suíça; Sun Valley, em Idaho; e Vail, no Colorado (nada mal, essa lista).

Os anúncios de posicionamento da Stowe utilizaram emblemas para ilustrar as áreas de esqui. "Das dez melhores estações de esqui do mundo", dizia o anúncio, "apenas uma está na costa leste".

"Você não precisa ir aos Alpes ou aos Andes, nem mesmo às Montanhas Rochosas, para passar as melhores férias de inverno de sua vida", continuava o anúncio. "Você só precisa dirigir-se à Capital do Ski na costa leste: Stowe, em Vermont."

Os esquiadores reagiram à nova estratégia da Stowe. Como resposta ao anúncio, eles pediram milhares de brochuras. E também quebraram todos os recordes de freqüência da estação de esqui.

Você pode pensar que é fácil aumentar os negócios de um lugar como Stowe, mas seus concorrentes têm uma grande vantagem. Lugares como Stratton, Sugarbush, Big Bromley e Mt. Snow estão todos localizados ao sul de Stowe. Portanto, o esquiador que sai de carro do principal centro populacional (a cidade de Nova York) tem de dirigir uma hora a mais, ou duas, para chegar em Stowe. Uma das funções do anúncio é prometer, ao esquiador, uma recompensa pela longa viagem.

"Uma das dez melhores estações de esqui do mundo" é uma estratégia clássica de posicionamento. Ela aproveita a tendência que nossa mente tem de "fazer listas" quando tenta dar conta de alguma complexidade. "As sete maravilhas do mundo" é um dos mais antigos exemplos dessa abordagem.

Além disso, a estratégia dos "dez mais" pode ser utilizada indefinidamente. Não há razão para mudar. Pode haver melhor estratégia do que ter seu local ou produto incluído em uma lista dos melhores do mundo?

Quando você utiliza a opinião de uma autoridade reconhecida para dar credibilidade ao seu produto ou serviço, está atendendo a um aspecto fundamental da natureza humana. É seguro não precisar confiar no próprio julgamento.

O lado negativo dessa tendência de delegar autoridade foi explorado por Allen Funt, o criador de *Candid Camera*[1]. "A pior coisa que existe, e eu a encontro cada vez mais", diz Funt, "é que as pessoas podem ser facilmente conduzidas por um tipo de autoridade ou até mesmo pelos menores sinais de autoridade."

"Uma vez, pusemos uma tabuleta na estrada com as palavras Delaware está interditado hoje", conta Funt. "E os motoristas não a questionaram. Ao contrário, ainda me perguntaram: 'E Jersey, está aberto?'"

[1] Programa de televisão que filma, com câmeras ocultas, pessoas em situações inusitadas.

capítulo 22

O POSICIONAMENTO DA IGREJA CATÓLICA

Este livro tanto pode tratar de religião como de publicidade.

Estamos forçando as coisas?

De modo algum. A essência de toda religião é a comunicação. Da divindade, do clero e da congregação.

Os problemas não advêm da divindade, que é perfeita, ou da congregação, que é imperfeita, mas do clero.

O modo como o clero aplica a teoria da comunicação à prática da religião tem uma grande influência no modo como a religião afeta a congregação.

Uma crise de identidade

Alguns anos atrás, a lógica do posicionamento foi aplicada à Igreja Católica. Em outras palavras, os problemas de comunicação dessa enorme instituição foram tratados como se fossem os problemas de uma grande corporação.

Essa solicitação não veio do Papa ou de um comitê de bispos. Ela veio de um grupo de leigos que estavam muito preocupados com aquilo que um renomado teólogo chamou de "uma certa crise de identidade" e que se seguiu às reformas do Concílio Vaticano II.

Logo ficou claro que a comunicação na Igreja Católica era feita ao acaso, na melhor das hipóteses.

Embora os programas fizessem grandes esforços para melhorar as técnicas de comunicação, eles não tinham um tema central forte, nem tinham continuidade (problema gravíssimo em uma era em que a comunicação eletrônica é excessiva).

Era como se a General Motors não tivesse nenhum programa global de propaganda institucional. Como se toda comunicação fosse feita pelos revendedores regionais. Alguma coisa seria boa, mas muita coisa seria ruim.

Uma grande parte dos problemas da Igreja Católica podia ser atribuída ao Vaticano II.

Antes daquela "abertura de portas", a Igreja, como instituição, ocupava uma posição clara na mente dos fiéis. Para a maioria, a Igreja era a promotora da lei. Colocava-se muita ênfase nas regras, nas recompensas e na punição. A Igreja era coerente em sua abordagem dos velhos e dos jovens.

Mas o Concílio afastou a Igreja dessa postura de impor a lei e a ordem. Muitas regras e regulamentos foram descartados como desnecessários. Mudanças na liturgia e no estilo tornaram-se comuns. A flexibilidade ocupou o lugar da rigidez.

Infelizmente, não havia um gerente de propaganda em Roma quando essas mudanças importantes estavam ocorrendo. Não havia ninguém para filtrar o que estava sendo divulgado e produzir um programa em linguagem simples que explicasse as novas instruções.

Após anos sem precisar de um programa de comunicação "corporativa", é compreensível que a Igreja Católica não seja capaz de reconhecer a dimensão do problema que tem nas mãos.

A perda de influência

O que evidentemente estava faltando era uma apresentação clara do que era a nova igreja.

Os fiéis se perguntavam em silêncio: "se você não é a promotora da lei, então é o quê?"

Nos anos que se seguiram ao Concílio Vaticano II, simplesmente não houve nenhum indício de resposta. Nenhuma tentativa de reposicionar a igreja na mente dos leigos. E nem mesmo na mente do clero, para falar a verdade.

Com a falta de respostas, a confusão se instalou, e muitas pessoas abandonaram a igreja.

Pela primeira vez, mais de 50% dos católicos deixaram de assistir à missa. Isso significava uma queda de 20%, enquanto a freqüência dos protestantes se mantinha admiravelmente estável.

Hoje, há 20% menos sacerdotes, frades e freiras do que havia dez anos atrás. As vocações diminuíram 60%.

O conjunto mais recente de estatísticas é especialmente significativo. A Igreja Católica é, hoje, a "maior comunidade com autoridade moral na sociedade norte-americana" (título que lhe atribuiu o teólogo protestante Peter Berger).

Ainda assim, quando a revista *U.S. News & World Report* solicitou, a um grupo de executivos altamente influentes, que classificassem a influência das principais instituições, a Igreja e outras religiões organizadas vieram em último lugar.

Obviamente, a autoridade moral da Igreja Católica não estava sendo muito bem comunicada.

Qual é o papel da Igreja?

"Qual é o papel da Igreja Católica no mundo moderno?"

Essa pergunta foi feita por clérigos, bispos e leigos. Ela nunca recebeu duas vezes a mesma resposta.

Algumas pessoas dizem que não há uma resposta simples. Outras dizem que há mais de uma resposta (observe aqui a armadilha de "todas as pessoas").

Os executivos das corporações costumam ter respostas para perguntas como essa. Se você fizer essa pergunta aos diretores da General Motors, eles certamente dirão que seu papel é ser a maior fabricante de automóveis do mundo. As empresas gastam milhões para descobrir e comunicar a essência de seus produtos com palavras como "mais branco que o branco" ou "a Crest luta contra as cáries".

A Igreja tinha de responder a essa pergunta até então sem resposta em termos simples e definitivos. E tinha de inserir a resposta em um programa de comunicação totalmente integrado. Depois, tinha de levar esse programa até o seu rebanho de uma maneira nova e impactante.

Geralmente, criar um programa de identidade para uma corporação acarreta dar alguns passos atrás, até descobrir qual é o negócio básico da empresa. Isso requer uma reflexão a respeito dos velhos planos e programas. Ver o que funcionou e o que não funcionou.

Neste caso, é necessário voltar dois mil anos no tempo e refazer os passos da Igreja Católica. Em vez de examinar os antigos relatórios anuais, é necessário confiar nas Escrituras.

Quando se procura uma expressão simples e direta do papel da Igreja, duas afirmações explícitas do Evangelho contêm a resposta.

Primeiro, como relata o Evangelho de Mateus, quando Cristo estava na Terra, Deus instruiu os homens para escutarem as palavras de Seu filho, o Bem-Amado (Mat. 17:23).

Depois, quando Cristo deixou a Terra, ele instruiu seus discípulos para partir e ensinar, a todas as nações, aquilo que haviam escutado dele (Mat. 28:19).

A mestra da palavra

As Escrituras deixam evidente que Cristo considerava a Igreja como a "mestra da palavra".

Como ele é "o Filho de Deus", presume-se que suas palavras sirvam para todas as épocas. As parábolas de Cristo não eram apenas para as pessoas do seu tempo; elas também são para as de agora. Elas contêm, em sua construção, uma universalidade que nunca ficou ultrapassada. São parábolas simples e profundas. Nelas, Jesus oferece, às pessoas de todas as idades, subsídios para pensar e agir.

Assim, a retomada do passado leva a definir o papel da Igreja como o de manter Cristo vivo na mente de cada nova geração e relacionar sua palavra aos problemas do seu tempo.

De muitas maneiras, parecia que o Vaticano II tinha conduzido a Igreja para trás, e não para a frente. De "mestra da lei" para "mestra da palavra".

Isso pode parecer uma resposta muito simplista, quase óbvia, para um problema complicado.

E realmente é. A experiência mostra que um exercício de posicionamento é uma busca do óbvio. Os conceitos óbvios são os mais fáceis de comunicar porque fazem mais sentido para o destinatário da mensagem.

Infelizmente, os conceitos óbvios também são os mais difíceis de reconhecer e vender.

A mente humana tem a tendência de admirar o complicado e descartar o óbvio por ser simples demais (por exemplo, muitos sacerdotes da Igreja Católica admiram a definição do papel da Igreja fornecida por um famoso teólogo chamado Avery Dulles. Segundo ele, a Igreja não tem apenas um papel. Ela tem seis diferentes papéis a desempenhar).

Implementando a posição

Assim que o conceito óbvio foi identificado, a próxima coisa a fazer era desenvolver as técnicas para implementá-lo.

A primeira e a mais importante era o treinamento para falar do púlpito. Para que a Igreja representasse o papel de "mestra da palavra", os sacerdotes precisavam ser oradores muito melhores e fazer melhores sermões (os melhores pregadores de hoje não se encontram na igreja, mas nos programas de televisão de domingo de manhã).

Além do treinamento para falar do púlpito, propôs-se a elaboração de um filme para apresentar a campanha, intitulado *Return to the Beginning* (Volta ao Início).

O início de qualquer grande esforço de comunicação necessita de certo drama para chamar a atenção das pessoas. A emoção transmitida por um filme é ideal para esse tipo de esforço (é por isso também que a televisão é uma ferramenta tão poderosa para o lançamento de novos produtos).

Uma ampla gama de outros elementos da campanha girou em torno do tema adotado: o papel da igreja como "mestra da palavra".

Deve-se enfatizar aqui que, quando a estratégia de posicionamento é criada, ela estabelece a direção de todas as atividades da organização. Até mesmo de uma organização tão grande e multifacetada como a Igreja Católica.

O que aconteceu?

Nada.

Foi muito difícil convencer os gestores da Igreja Católica a implementar essa solução para seus problemas.

Não apenas os bispos resistem a deixar que outras pessoas lhes digam como conduzir sua Igreja, mas a solução parece ser demasiado óbvia para que eles a aceitem. A simplicidade não é tão atraente como a complexidade.

E, como ocorre com a maior parte dos grandes problemas, eles nunca acabam. Se você tem lido os jornais, provavelmente já observou que o Papa está tratando de convocar outro sínodo para avaliar os resultados do Vaticano II. O jornal do Vaticano, *L'Osservatore Romano*, disse que esse sínodo tem o propósito de resolver a confusão que se vem fazendo sobre o Vaticano II desde que ele terminou, há 20 anos.

Será que eles acabarão admitindo os problemas que essa confusão acarretou? Será que resolverão sua "crise de identidade" e chegarão a um programa de comunicação que reposicione a Igreja no mundo moderno? Será que esse programa reconciliará o abismo cada vez maior entre os católicos conservadores e os liberais?

Não espere para ver.

capítulo 23

O SEU POSICIONAMENTO E O DE SUA CARREIRA

Se as estratégias de posicionamento podem ser utilizadas para promover um produto, por que elas não podem ser utilizadas para promover a sua pessoa?

Não há nenhuma razão para que isso não ocorra.

Portanto, vamos rever a teoria do posicionamento para verificar como ela pode ser aplicada à sua carreira.

Defina-se

O que você é? As pessoas sofrem das mesmas doenças de que sofrem os produtos. Elas tentam ser tudo para todas as pessoas.

O problema dessa abordagem é a mente do potencial cliente. Já é bastante difícil associar cada produto a um conceito. É quase impossível associá-lo a dois, três ou mais conceitos.

A parte mais difícil do posicionamento é escolher o conceito específico mais adequado para você. Mas você precisa fazer isso, se quer penetrar na muralha de indiferença do potencial cliente.

O que você é? Qual é sua posição na vida? Você é capaz de resumir sua posição em um só conceito? Depois, é capaz de conduzir sua carreira para estabelecer e explorar essa posição?

A maioria das pessoas não é suficientemente impiedosa para estabelecer um único conceito para si. Elas vacilam. Esperam que outras pessoas façam isso para elas.

“Eu sou o melhor advogado de Dallas.”

É mesmo? Quantas vezes seu nome será mencionado se fizermos uma pesquisa com a comunidade jurídica de Dallas?

"Eu sou o melhor advogado de Dallas" é uma posição que pode ser obtida com algum talento, um pouco de sorte e muita estratégia. E o primeiro passo é isolar o conceito que você vai utilizar para estabelecer essa posição a longo prazo. Não é fácil. Mas a recompensa pode ser grande.

Cometa erros

Qualquer coisa que vale a pena fazer, vale a pena ser malfeita. Se ela não vale a pena, você simplesmente não deve fazê-la.

Em compensação, se vale a pena fazê-la e você espera até ser capaz de fazê-la com perfeição, corre o risco de não a fazer. Nunca.

Portanto, tudo o que vale a pena fazer vale a pena fazer, ainda que malfeito.

Provavelmente, você terá melhor reputação dentro da empresa se tentar muitas vezes e só algumas vezes tiver êxito do que se temer o fracasso e só tentar aquilo que é seguro.

As pessoas ainda se lembram de Ty Cobb, que conseguiu fazer 96 bases no basebol em 134 tentativas (70%). Mas elas se esqueceram de Max Carey, que fez 51 bases em 53 tentativas (96%).

Eddie Arcaro, talvez o maior jóquei que já montou em um cavalo até hoje, perdeu 250 corridas antes de vencer pela primeira vez.

Tenha certeza de que seu nome está certo

Lembra-se de Leonard Slye? Poucas pessoas se lembravam dele, até que ele mudou seu nome para Roy Rogers, primeiro passo importante para tornar-se uma estrela de cinema.

E de Marion Morrison? Um pouco feminino para um *cowboy*, de modo que ele o mudou para John Wayne.

Ou de Issur Danielovitch? Primeiro, esse nome foi alterado para Isadore Demsky e, depois, para Kirk Douglas.

"O destino tentou escondê-lo chamando-o Smith", disse Oliver Wendell Holmes Jr.

As leis lhe garantem o direito de adotar qualquer nome que você queira, contanto que não tente usá-lo para cometer fraudes ou enganar os outros.

Portanto, não mude seu nome para McDonald com o intuito de abrir uma lanchonete.

Além disso, se você é político, não se dê o trabalho de mudar de nome para "Nenhum dos Anteriores". Luther D. Knox, candidato às eleições primárias na Luisiana, mudou legalmente seu nome para essa expressão. Entretanto, um juiz federal tirou o nome do "Sr. Nenhum dos Anteriores" do processo eleitoral, porque achou que ele estava querendo enganar as pessoas.

Evite a armadilha da ausência de nome

Muitos homens e mulheres de negócios são vítimas da "inicialite", como indivíduos e como profissionais.

Quando são jovens executivos, eles observam que os altos executivos geralmente utilizam suas iniciais: J. S. Smith, R. H. Jones. Então, eles fazem a mesma coisa. Nos memorandos e nas cartas.

Mas isso é um erro. Você só pode se dar o luxo de fazer isso se todos souberem quem você é. Se você ainda está tentando subir na carreira e se está tentando imprimir seu nome na mente da alta gerência, então você precisa de um nome, e não de um conjunto de iniciais. Exatamente pelas mesmas razões que sua empresa precisa disso.

Escreva seu nome e olhe para ele. Roger P. Dinkelacker.

O que um nome como esse diz psicologicamente para a alta cúpula é: somos uma empresa tão grande e você tem um emprego tão insignificante, que precisa usar o "P" intermediário para diferenciar-se dos outros Roger Dinkelackers que trabalham nela.

Isso não é provável.

Mas é possível, se o seu nome é algo assim como João da Silva ou Maria Pereira, de modo que você precisa de uma inicial no meio para diferenciar--se dos outros Joões da Silva ou das outras Marias Pereira.

Se esse é o seu caso, você realmente precisa de um novo nome. A confusão é inimiga do posicionamento bem-sucedido. Você não pode "imprimir" um nome que seja demasiado comum. Como é que as outras pessoas vão diferenciar entre João T. da Silva e João M. da Silva?

O fato é que elas não se importam. Elas logo o esquecem, com todo o resto das pessoas que vêm a conhecer. E assim a armadilha da ausência de nome faz outra vítima.

Evite a armadilha da extensão de linha

Se você tem três filhas, por acaso coloca nelas os nomes de Maria 1, Maria 2 e Maria 3? Na verdade, será que você as chamaria Maria, Mariana e Marilyn? De um jeito ou de outro, está criando confusão para a vida toda. Quando você pendura um "Júnior" no nome de seu filho, não está lhe fazendo nenhum favor. Ele merece uma identidade separada.

No *show business*, onde você tem de afirmar uma identidade clara na mente do público, é até possível que um sobrenome famoso não deva ser utilizado.

Hoje, Liza Minelli é uma estrela mais importante do que sua mãe, Judy Garland, jamais foi. Se ela se chamasse Liza Garland, teria começado com uma deficiência.

Frank Sinatra Jr. é um exemplo do tipo mais difícil de extensão de linha. Ele literalmente começou com duas partidas contra ele.

Quando ouve um nome como esse, a audiência diz consigo: "ele não vai conseguir cantar tão bem como o pai".

E como você só escuta o que espera escutar, é claro que ele não vai conseguir mesmo.

Encontre um cavalo para montar

Algumas pessoas ambiciosas e inteligentes se vêem presas a situações em que o futuro não parece promissor. Então, o que elas geralmente fazem?

Continuam tentando. Tentam compensar isso com longas horas de esforço e trabalho árduo. O segredo do sucesso é enfiar a cara no trabalho, fazer o trabalho melhor que os outros, assim a fama e a fortuna vêm ao seu encontro, certo?

Errado. Tentar com afinco dificilmente leva ao caminho do sucesso. Tentar ser mais esperto é o melhor caminho.

É sempre a mesma história da casa do ferreiro. Com muita freqüência, os altos gerentes não sabem como gerenciar as próprias carreiras. Sua própria estratégia promocional costuma basear-se na hipótese ingênua de que a capacidade e o trabalho árduo são tudo o que importa. E assim, eles se dedicam ao trabalho e fazem mais esforços, esperando pelo dia em que alguém lhes baterá no ombro com a varinha mágica.

Mas esse dia nunca chega.

A verdade é que o caminho para a fama e a fortuna raramente se encontra dentro de você. A única maneira segura de ter sucesso é conseguir um cavalo para montar. Pode ser difícil para o ego aceitar isso, mas o sucesso na vida baseia-se mais no que os outros podem fazer por você do que naquilo que você pode fazer por si mesmo.

Kennedy estava errado. Não pergunte o que você pode fazer por sua empresa. Pergunte o que sua empresa pode fazer por você. Portanto, se você quer aproveitar ao máximo as oportunidades que sua carreira tem a oferecer, deve manter os olhos abertos e descobrir um cavalo que faça o trabalho para você.

O primeiro cavalo a ser montado é sua empresa. Para onde sua empresa está indo? Ou, sendo menos sutil, será que ela está indo para algum lugar?

Muitas pessoas competentes tomaram suas boas perspectivas e as trancaram em situações predestinadas ao fracasso. Mas o fracasso pelo menos oferece uma segunda chance. Pior é a empresa que oferece poucas oportunidades de crescimento.

Por mais brilhante que você seja, nunca vale a pena apostar em um perdedor. Até mesmo o melhor tripulante do Titanic acabou no mesmo barco salva-vidas em que os piores navegaram. Isso, se teve sorte suficiente para manter-se fora da água.

Você não consegue fazer tudo sozinho. Se sua empresa não está indo para lugar nenhum, arranje outra. Embora você nem sempre possa escolher uma IBM ou uma Xerox, deverá ser capaz de conseguir algo consideravelmente melhor que a média.

Faça suas apostas nas indústrias que estão crescendo. Nos produtos do futuro, como computadores, aparelhos eletrônicos, aparelhos ópticos e nas comunicações.

E não se esqueça dos serviços de todos os tipos que estão crescendo mais que os produtos em geral. Portanto, procure os bancos, as empresas de *leasing*, os serviços médicos, financeiros e de consultoria.

Não se esqueça de que sua experiência com os produtos do passado pode cegá-lo para as oportunidades com produtos totalmente diferentes. Especialmente serviços.

E quando você mudar de emprego para entrar em uma dessas empresas do futuro, não lhe pergunte quanto ela paga hoje.

Pergunte quanto ela está disposta a lhe pagar amanhã.

O segundo cavalo a ser montado é seu chefe. Faça as mesmas perguntas a respeito do seu chefe que você fez a respeito de sua empresa.

Ele está indo para algum lugar? Se não está, quem é que está? Procure sempre trabalhar para as pessoas mais espertas, as mais brilhantes e as mais competentes que encontrar.

Se você prestar atenção nas biografias das pessoas bem-sucedidas, ficará surpreso ao descobrir quantas delas subiram a escada do sucesso logo atrás de outra pessoa. Desde sua primeira tarefa insignificante até seu último cargo como presidentes ou CEOs de grandes empresas.

Porém, algumas pessoas realmente gostam de trabalhar para incompetentes. Talvez elas achem que uma flor fresca sobressai melhor em um ramalhete de flores murchas. Elas se esquecem da tendência da alta gerência para jogar o ramalhete todo fora se ficar insatisfeita com a operação.

Há dois tipos de pessoas que procuram emprego.

Um é excepcionalmente convencido de sua especialidade. Ele sempre diz: "Vocês precisam mesmo de mim por aqui. Vocês são fracos na minha especialidade".

O outro tipo diz exatamente o oposto: "Vocês são fortes na minha especialidade. Fazem um trabalho excelente, e eu quero trabalhar com os melhores".

Qual é o tipo que vai conseguir o emprego? Certo. O segundo.

Em compensação, por mais estranho que possa parecer, o pessoal da alta gerência enxerga mais o outro tipo. A pessoa que quer ser especialista. De preferência com um grande título e um salário compatível.

"Engate o seu vagão em uma estrela", dizia Ralph Waldo Emerson. Bom conselho, esse. Ainda melhor nos dias de hoje.

Se o seu chefe está indo em frente, há boas chances de que você também esteja.

O terceiro cavalo a ser montado é um amigo. Muitos homens e mulheres de negócios têm uma grande quantidade de amigos pessoais, mas não têm amigos no trabalho. E embora os amigos pessoais sejam ótimos de se ter e possam ajudá-lo a conseguir um bom negócio na compra um aparelho de TV ou de aparelhos dentários para as crianças, eles geralmente não são muito úteis quando se trata de encontrar um emprego melhor.

A maior parte das grandes oportunidades que surgem na carreira de uma pessoa ocorre porque um amigo do trabalho a recomenda no mercado.

Quanto mais amigos de negócios você faz fora da empresa em que trabalha, maior a probabilidade de ir parar em um emprego compensador.

Mas não basta apenas ter amigos. Você tem de levar esse cavalo para passear de vez em quando. Se não faz isso, não pode montá-lo quando precisa.

Quando um velho amigo de trabalho sobre quem você não ouve falar há dez anos lhe telefona e o convida para almoçar, você sabe que duas coisas vão acontecer: (1) você vai pagar o almoço e (2) seu amigo está procurando emprego.

Quando você precisa de emprego, geralmente é tarde demais para tentar esse tipo de tática. A melhor maneira de montar o cavalo da amizade é manter contato constante com todos os seus amigos de trabalho.

Envie a eles artigos que possam interessar-lhes, anúncios publicitários e cartas de felicitações quando eles forem promovidos.

E não presuma que as pessoas lêem todas as notícias em que são mencionadas. Elas não as lêem. E sempre gostam quando alguém lhes envia algo que perderam.

O quarto cavalo a ser montado é uma idéia. Na véspera de sua morte, Victor Hugo escreveu em seu diário: "Nada, nem todos os exércitos do mundo, pode fazer parar uma idéia que está madura".

Todos sabem que uma idéia pode fazê-lo subir mais rápido na carreira do que qualquer outra coisa. Mas, às vezes, as pessoas esperam demais de uma idéia.

Elas não querem apenas uma idéia maravilhosa, querem uma idéia que todos também achem maravilhosa.

Mas não há idéias assim. Se você esperar até que uma idéia esteja pronta para ser aceita, será tarde demais. Outra pessoa já a terá tido.

Segundo o jargão da moda de alguns anos atrás, tudo aquilo que está definitivamente na moda já está saindo de moda.

Para montar no cavalo da "idéia", você deve estar disposto a expor-se ao ridículo e à controvérsia. A ir contra a maré.

Você não vai conseguir ser o primeiro a ter uma idéia nova se não se expuser; se não ousar bastante; e se não souber esperar a hora certa.

Segundo o psicólogo Charles Osgood, "uma indicação da validade de um princípio é o vigor e a persistência com que as pessoas se opõem a ele. Em qualquer área, se as pessoas percebem que um princípio é pura bobagem e é fácil de refutar, elas tendem a ignorá-lo. Mas se o princípio é difícil de refutar e faz com que as pessoas questionem algumas das premissas básicas em que acreditam, com as quais seus nomes possam ser identificados, elas têm de sair de seu caminho para descobrir o que há de errado com ele."

Nunca tenha medo do conflito.

Onde estaria Winston Churchill sem Adolf Hitler? Nós sabemos a resposta para essa pergunta. Depois que Adolf Hitler foi descartado, o público também se descartou de Winston Churchill na primeira oportunidade.

E lembre-se do que disse Liberace a respeito das críticas desfavoráveis aos concertos que fazia: "eu chorava muito a caminho do banco".

Uma idéia ou conceito sem um elemento de conflito não é de modo algum uma idéia. É uma crença estabelecida que não leva a lugar nenhum.

O quinto cavalo a ser montado é a fé. A fé nos outros e nas idéias deles. A importância de sair de si e descobrir a fortuna do lado de fora é ilustrada pela história de um homem que foi um fracasso durante quase toda a sua vida.

Seu nome era Ray Kroc, e ele estava muito velho e acabado quando conheceu dois irmãos que mudaram sua vida.

Esses dois irmãos tinham uma idéia, mas não tinham fé. Por isso, venderam sua idéia e seu nome para Ray Kroc por uns poucos dólares.

Ray Kroc tornou-se uma das pessoas mais ricas dos Estados Unidos. Passou a valer centenas de milhões de dólares.

Os irmãos? Eram os irmãos McDonald, e cada vez que você comer um de seus hambúrgueres, lembre-se de que foram a visão, a persistência e a coragem de uma pessoa de fora que tornaram a rede McDonald's um sucesso. Não aqueles dois sujeitos chamados McDonald.

O sexto cavalo a ser montado é você mesmo. Há ainda outro cavalo. Um animal que é egoísta, difícil e imprevisível. Mas, mesmo assim, as pessoas ainda tentam montá-lo. Com muito pouco sucesso.

Esse cavalo é você mesmo. É possível ter êxito nos negócios ou na vida sozinho. Mas não é fácil.

Como a própria vida, o negócio é uma atividade social. Nele, tanto há cooperação como competição.

Veja, por exemplo, o caso das vendas. Você não faz uma venda sozinho. Alguém tem de comprar aquilo que você quer vender.

Portanto, lembre-se: os jóqueis que mais vencem não são necessariamente os mais leves, os mais espertos ou os mais fortes. Não é o melhor jóquei que vence a corrida.

Geralmente, o jóquei que vence a corrida é o que tem o melhor cavalo.

Portanto, escolha um cavalo para montar e aproveite tudo o que ele tiver para lhe dar.

capítulo 24

O POSICIONAMENTO DO SEU NEGÓCIO

Como é que se inicia um programa de posicionamento?

Não é fácil. A tentação é trabalhar direto na solução, sem antes pensar no problema. Mas é muito melhor pensar em sua situação de maneira organizada antes de pular para a conclusão.

Para ajudá-lo com seu processo de raciocínio, aqui estão seis perguntas que você pode fazer para ativar sua mente.

Não se engane. As perguntas são simples de fazer, mas difíceis de responder. Elas acabam mexendo com questões da alma, que testam sua coragem e suas crenças.

Que posição você ocupa?

Posicionar é pensar ao contrário. Em vez de começar consigo mesmo, comece pensando no que os outros pensam.

Em vez de perguntar o que você é, pergunte que posição já ocupa na mente do potencial cliente.

Mudar de mentalidade em nossa sociedade supersaturada de comunicação é uma tarefa extremamente difícil. É muito mais fácil trabalhar com o que já existe na cabeça das pessoas.

Ao determinar o estado mental do seu potencial cliente, é importante não deixar que os egos corporativos intervenham. A resposta à pergunta "que posição você ocupa?" é dada pelo mercado, e não pelo diretor de marketing.

Se essa pesquisa requer alguns dólares, então que seja. Gaste o dinheiro. É melhor saber exatamente contra o que você está lutando agora do que descobrir isso mais tarde, quando não puder fazer mais nada a respeito.

Não seja bitolado. Você tem de olhar para o quadro geral, e não para os pequenos detalhes.

O problema da Sabena não era a Sabena, a companhia aérea, mas a Bélgica, o país.

O problema do Seven-Up não era a atitude do potencial cliente em relação às bebidas de lima/limão, mas a enorme parcela do cérebro dele que estava ocupada com as bebidas à base de cola. Para muitas pessoas, "me dá um refrigerante" significa uma Coca ou uma Pepsi.

Olhar para o quadro geral ajudou o Seven-Up a desenvolver seu bem-sucedido programa do refrigerante que não é feito à base de cola.

A maior parte dos produtos atuais é como o Seven-Up antes dessa campanha. Eles ocupam posições fracas ou não ocupam nenhuma posição na mente dos potenciais clientes.

O que você deve fazer é descobrir um modo de entrar no cérebro das pessoas pendurando o seu produto, serviço ou conceito naquilo que já se encontra lá dentro.

Que posição você quer ocupar?

É aqui que você recorre à sua bola de cristal e tenta descobrir qual é a melhor posição a ser ocupada a longo prazo. "Possuir" é a palavra-chave. Criam-se muitos programas para comunicar uma posição que é impossível de se obter simplesmente porque alguém já a possui.

A Ford fracassou em sua tentativa de posicionar o Edsel com sucesso. Uma razão disso é que simplesmente não havia lugar no cérebro do comprador de automóveis para outro carro cromado, de preço médio.

Mas quando a Richardson Merrill estava tentando entrar na área de remédios para resfriado contra a Contac e a Dristan, ele teve a sabedoria de evitar o confronto direto.

A Richardson Merrill deixou que as outras duas empresas lutassem à luz do dia e decidiu estabelecer, para o Nyquil, a posição do "remédio noturno para resfriado".

O Nyquil acabou sendo o produto mais bem-sucedido que ela lançou nos últimos anos.

Às vezes, você pode querer demais. Pode querer possuir uma posição demasiado ampla. Uma posição que não possa ser criada na mente do potencial cliente. E que, ainda que pudesse, não teria defesa contra as investidas de produtos mais específicos como o Nyquil.

Isso, naturalmente, é a armadilha de "todo mundo", da qual um exemplo é a famosa campanha de uma cerveja chamada Rheingold. Essa cervejaria queria apelar à classe trabalhadora de Nova York (o que não é um mau objetivo quando se considera o grande número de consumidores de cerveja desse grupo).

Então, a cervejaria produziu alguns comerciais excepcionais que mostravam os italianos tomando Rheingold, negros bebendo Rheingold, irlandeses bebendo Rheingold, judeus bebendo Rheingold e assim por diante.

Bem, em vez de apelar a todos, ela acabou não apelando a ninguém. Por uma razão muito simples. Como o preconceito é uma característica básica do ser humano, o fato de que um grupo étnico bebia Rheingold não impressionou os outros grupos étnicos.

De fato, tudo o que a campanha fez foi afastar, da Rheingold, todos os grupos étnicos de Nova York.

É fácil cometer o mesmo erro em sua carreira. Se você tentar ser tudo para todas as pessoas, acabará não sendo nada. É melhor estreitar o foco de sua especialidade. Estabelecer uma posição exclusiva como especialista, e não como um "faz-tudo" generalista.

O mercado de trabalho atual pertence às pessoas que conseguem definir-se e posicionar-se como especialistas.

Quem é que você tem de enfrentar?

Se a posição que você quer ter requer uma abordagem corpo a corpo contra um líder de mercado, esqueça. É melhor contornar um obstáculo do que tentar pular por cima dele. Recue. Tente escolher uma posição da qual ninguém mais se tenha apoderado com firmeza.

Você tem de pensar na situação da perspectiva dos seus concorrentes durante o mesmo tempo em que pensa nela de sua perspectiva.

Os potenciais clientes não compram, eles escolhem. Marcas de automóveis. Marcas de cerveja. Marcas de computadores. O mérito, ou a falta de mérito, de sua marca é muito menos importante do que a posição que ela ocupa entre as escolhas possíveis.

Freqüentemente, para criar uma posição viável, você deve reposicionar outra marca ou até mesmo toda uma categoria de produtos. Como o Tylenol fez com a Aspirina, por exemplo.

Observe o que ocorre quando você não consegue lidar com a concorrência. A Bristol-Myers gastou 35 milhões de dólares para lançar o Nuprin, e a American Home Products gastou 40 milhões de dólares para lançar o Advil. Ambos os produtos contêm ibuprofen, um analgésico novo nos Estados Unidos.

Mas as duas campanhas fracassaram para reposicionar o Tylenol, o principal remédio para dor de cabeça que há no mercado. Como resultado, nenhum desses dois produtos foi capaz de abocanhar mais que uma minúscula fatia do mercado.

Engalfinhar-se com os concorrentes é o principal problema do marketing.

Você tem dinheiro suficiente?

Um grande obstáculo ao posicionamento bem-sucedido é tentar obter o impossível. Custa caro conquistar um lugar na mente das pessoas. Custa caro estabelecer uma posição. Custa caro manter uma posição, depois que você consegue estabelecê-la.

Atualmente, o nível de ruído é altíssimo. Há demasiados produtos do tipo "eu também" e demasiadas empresas do tipo "eu também" que disputam a mente do cliente. Ser notado está ficando cada vez mais difícil.

Durante um único ano, a mente humana comum é exposta a cerca de 200 mil mensagens publicitárias. Quando se pensa que um comercial de 30 segundos de 500 mil dólares do Super Bowl causa apenas uma dessas 200 mil impressões, percebe-se que as chances de fracassar contra um anunciante hoje em dia podem ser consideradas enormes.

É por isso que uma empresa como a Procter & Gamble é uma concorrente tão formidável. Quando ela aposta em um novo produto, coloca 50 milhões de dólares na mesa, examina a concorrência e diz: "Podem fazer suas apostas".

Se você não gasta o suficiente para se manter acima do nível de ruído, então acaba permitindo que as Procter & Gamble deste mundo tirem seu conceito de você. Um modo de dar conta do nível de ruído é reduzir a amplitude geográfica de seu problema. Lançar novos produtos ou novas idéias em um mercado de cada vez, em vez de fazer um lançamento nacional ou até mesmo internacional.

Com determinada quantia, é melhor gastar demais em uma única cidade do que gastar de menos em várias cidades. Se você tem sucesso em um lugar, sempre pode estender o programa para outros lugares. Contanto que o primeiro lugar seja adequado.

Se o seu uísque escocês consegue se tornar o número um em Nova York (a área que mais consome uísque escocês nos Estados Unidos), então você consegue estender o produto para o resto do país.

Você agüenta firme?

Você pode pensar em nossa sociedade supercomunicativa como um cadinho onde ocorrem constantes mudanças. Uma idéia substitui a outra em uma sucessão estonteante.

Para dar conta da mudança, é importante assumir um ponto de vista de longo alcance. Determinar sua posição básica e depois agarrar-se a ela.

O conceito de posicionamento é um conceito cumulativo. Ele aproveita a natureza de longo alcance da publicidade.

Você tem de agüentar firme, ano após ano. A maior parte das empresas de sucesso raramente muda uma fórmula vencedora. Há quantos anos você vê aqueles homens da Marlboro cavalgando ao pôr-do-sol? A Crest vem lutando contra as cáries há tanto tempo que está na segunda geração de crianças. Por causa das constantes mudanças, uma empresa deve pensar de maneira ainda mais estratégica do que antes.

Com raras exceções, uma empresa quase nunca deve mudar sua estratégia básica de posicionamento. Ela deve mudar apenas sua tática, aquelas manobras de curto prazo que se destinam à implementação a longo prazo.

O truque é sustentar essa estratégia básica e torná-la ainda melhor. Descobrir novas maneiras de dramatizá-la. Novas maneiras de evitar o tédio. Em outras palavras, novas maneiras de fazer o Ronald McDonald comer mais um hambúrguer.

Ocupar uma posição na mente das pessoas é como possuir um terreno valioso. Se você abrir mão dele, acabará descobrindo que é impossível tê-lo de volta.

A armadilha da extensão de linha é um bom exemplo disso. O que você realmente faz quando estende a linha de produtos é enfraquecer sua posição básica. E quando você a perde, fica à deriva.

A Levi's estendeu sua linha de *jeans* de modo incluir roupas esportivas. Então, descobriu que sua posição básica na área dos *jeans* estava sendo solapada pelos *jeans* de marcas exclusivas.

Você está à altura de sua posição?

O pessoal de criação costuma resistir ao raciocínio do posicionamento porque acha que ele restringe a criatividade.

E quer saber uma coisa? Restringe mesmo. O conceito de posicionamento realmente restringe a criatividade.

Uma das maiores tragédias de comunicação é ver uma organização fazer um planejamento cuidadoso, passo a passo, completo, com quadros e gráficos, e depois entregar a execução dessa estratégia aos "criativos". Eles, por sua vez, aplicam suas capacidades e a estratégia desaparece em uma nuvem de técnicas, para nunca mais ser reconhecida.

Tal empresa obteria um resultado muito melhor utilizando apenas um *flip chart* para delinear a estratégia do que encomendando um anúncio e pagando milhares de dólares pela criatividade aplicada.

"A Avis é apenas a número dois em aluguel de automóveis; portanto, por que alugar nossos carros? É porque nos esforçamos mais." Isso não parece um anúncio. Parece mais a apresentação da estratégia de marketing. Na verdade, são as duas coisas.

A publicidade que você faz de si mesmo combina com a posição que você ocupa? Suas roupas, por exemplo, dizem ao mundo que você são um banqueiro, um advogado ou um artista?

Ou será que você usa roupas criativas que comprometem sua posição?

A criatividade em si não vale nada. Somente quando ela está subordinada ao objetivo de posicionamento é que pode fazer uma contribuição.

O papel do observador externo

Às vezes, surge a pergunta: nós é que devemos fazer isso ou devemos contratar alguém que nos posicione?

O alguém que se costuma contratar é uma agência de publicidade. Uma agência de publicidade? Quem é que precisa da ajuda desses mercenários da Madison Avenue?

Todos precisam. Mas apenas os ricos podem se dar o luxo de contratar uma agência de publicidade. Todos os outros têm de aprender a fazer as coisas sozinhos. Eles têm de aprender a aplicar o valioso ingrediente que só está disponível para quem observa do lado de fora.

E o que é que esse observador externo fornece? Um ingrediente chamado ignorância. Em outras palavras, objetividade.

Por não saber o que ocorre dentro da empresa, o observador externo é mais capaz de ver o que está acontecendo fora dela. Na mente do cliente.

O observador externo está naturalmente sintonizado com o raciocínio de fora para dentro, enquanto o observador interno está mais confortável com o raciocínio de dentro para fora.

A objetividade é o ingrediente-chave fornecido pela agência de publicidade, ou de relações públicas, ou de comunicação de marketing.

O que o observador de fora não oferece

Em uma palavra, ele não faz milagre. Alguns administradores acreditam que o papel de uma agência de publicidade é agitar uma varinha mágica que faz os clientes correrem e comprarem o produto imediatamente.

A varinha de condão, é claro, chama-se "criatividade", e é uma mercadoria muito procurada pelo publicitário novato.

As pessoas pensam que a agência "cria". E que as melhores agências têm estoques de uma substância chamada "criatividade", que aplicam generosamente aos produtos que anunciam.

Nos círculos publicitários, conta-se uma história a respeito de uma agência que era muito criativa. Tão criativa, de fato, que era capaz de transformar palha e fio de linha em ouro.

Você deve ter ouvido falar nela, porque ela tinha um nome muito criativo. Rumplestiltskin, Inc.

A lenda ainda está viva. Ainda hoje, algumas pessoas pensam que as agências são tão criativas que conseguem transformar palha em ouro.

Mas não é verdade. As agências de publicidade não conseguem fazer isso. Se pudessem, estariam no negócio de transformação de palha em ouro, e não na publicidade.

A criatividade morreu. O nome do jogo na Madison Avenue é posicionamento.

capítulo 25

COMO ENTRAR NO JOGO DO POSICIONAMENTO

Algumas pessoas têm dificuldade de entrar no jogo do posicionamento porque estão presas às palavras.

Elas presumem, erroneamente, que as palavras têm significado. Deixam que o dicionário controle sua vida.

Você precisa compreender o papel das palavras

Como os estudiosos da Semântica vêm afirmando há décadas, as palavras não contêm significado. O significado não está nas palavras. Ele está nas pessoas que usam as palavras.

Assim como um açucareiro está vazio até que alguém o preencha com açúcar, uma palavra não tem significado até que alguém a utilize e a preencha com significado.

Se você tentar colocar açúcar em um açucareiro furado, não conseguirá preenchê-lo. O mesmo ocorrerá se tentar acrescentar significado a uma palavra furada. É muito melhor descartá-la e usar outra.

A palavra "Volkswagen" não contém o conceito de um carro de luxo de tamanho médio; portanto, descarte esse açucareiro e pegue outro, "Audi", que exprime melhor esse conceito. E não insista no argumento de que, por o Audi ter sido produzido em uma fábrica da Volkswagen, ele tem de ser um Volkswagen. A rigidez mental é uma barreira ao posicionamento bem-sucedido (enquanto o Volkswagen perdeu terreno no mercado norte-americano, o Audi estourou. Atualmente, o Audi vende mais que o BMW e está chegando perto do Mercedes-Benz).

Para se ter sucesso no posicionamento atualmente, você precisa ter muita flexibilidade mental. Precisa ser capaz de escolher e utilizar as palavras desprezando os dicionários e os livros de história.

Isso não quer dizer que os significados convencionais e comumente aceitos não sejam importantes. Ao contrário. Você deve escolher as palavras que desencadeiam os significados que quer estabelecer.

Mas será que isso é ético? Lembre-se de que as palavras não têm significado. Elas são continentes vazios até que você as preencha com significado. E se você pretende reposicionar um produto, uma pessoa ou um país, muitas vezes tem de mudar primeiro esses continentes de significado.

Em certo sentido, todo produto ou serviço é um "produto embalado". Se ele não for vendido em uma embalagem, o nome é que se tornará sua embalagem.

Você precisa saber como as palavras afetam as pessoas

As palavras são gatilhos. Elas acionam os significados que estão enterrados na mente.

É claro que, se as pessoas entendessem isso, não haveria vantagem em renomear um produto ou escolher palavras emocionais, como "Mustang" para um automóvel.

Mas as pessoas não entendem isso. A maioria tem "saúde neutra". Elas não são completamente saudáveis, nem completamente insanas. Estão em algum lugar entre os dois extremos.

Qual é a diferença entre as pessoas saudáveis e as insanas? O que, exatamente, as pessoas insanas fazem? Alfred Korzybski, que desenvolveu o conceito de semântica geral, explica que as insanas tentam fazer o mundo real encaixar-se naquilo que elas têm em mente.

O insano que acredita ser Napoleão faz com que o mundo externo se encaixe nessa idéia.

A pessoa saudável constantemente analisa o mundo real e depois muda o que tem na mente para se adaptar aos fatos.

Isso é um enorme problema para a maioria. Afinal, quantas pessoas querem mudar de opinião constantemente para se adaptar aos fatos?

É muito mais fácil mudar os fatos para que eles se adaptem às suas opiniões.

As pessoas "de saúde neutra" resolvem as coisas e depois descobrem os fatos para "verificar" sua opinião. Ou, o que é mais comum, elas aceitam a opinião do "especialista" mais próximo e não se preocupam com os fatos.

Portanto, veja o poder do nome psicologicamente correto. A mente faz o mundo real encaixar-se no nome. Um Mustang parece ser mais esportivo, mais competitivo e mais rápido do que o mesmo carro com o nome de Turtle (Tartaruga).

A linguagem é a moeda da mente. Para pensar conceitualmente, você tem de manipular as palavras. Ao escolher as palavras certas, você pode influenciar o próprio processo de pensamento (como prova de que a mente "pensa com palavras" e não tem pensamentos abstratos, considere o modo como se aprende uma língua. Para ser realmente fluente em uma língua estrangeira, digamos, o francês, você tem de aprender a pensar em francês).

Mas há limites para isso. Se uma palavra está inteiramente fora de contato com a realidade, a mente se recusa a utilizá-la. De nada adianta o fabricante de um creme dental inscrever, no tubo, que ele é "grande", se todos percebem que é "pequeno"; nem tampouco adianta dizer "tamanho econômico" se todos percebem que ele é "grande".

A República Popular da China é comumente chamada "China Vermelha" porque ninguém acredita que ela seja uma "república popular" (dentro do país, a República Popular da China é, sem dúvida, um nome eficaz).

Você precisa ter cuidado com a mudança

Quanto mais as coisas mudam, mais continuam na mesma. Mas, hoje em dia, as pessoas estão presas à ilusão da mudança. Todos os dias, o mundo parece girar mais rápido.

Anos atrás, um produto bem-sucedido podia viver 50 anos ou mais antes de desaparecer do mercado. Hoje, o ciclo de vida de um produto é muito menor. Às vezes, ele pode ser medido em meses, e não em anos.

Novos produtos, novos serviços, novos mercados e até mesmo novas mídias nascem o tempo todo. Eles atingem a idade adulta e depois se perdem no esquecimento. E um novo ciclo se inicia outra vez.

Ontem, o meio de alcançar a multidão era a revista para as massas. Hoje, é a rede de televisão. Amanhã, será a televisão a cabo. Hoje, a única coisa permanente é a mudança. O caleidoscópio da vida gira cada vez mais rápido. Novos padrões surgem e desaparecem.

A mudança tornou-se um modo de vida para muitas empresas. Mas será que é mudando que se acompanha a mudança? Parece que ocorre exatamente o oposto.

Os depósitos de lixo estão repletos dos restos de projetos que as empresas realizaram às pressas, na tentativa de acompanhar o ritmo das coisas. A Singer tentou aproveitar a onda dos eletrodomésticos. A RCA, a dos computadores. A General Foods, a dos lanches rápidos. Isso para não mencionar as centenas de empresas que jogaram fora sua identidade corporativa para seguir a moda das iniciais.

Nesse meio tempo, as empresas que se mantiveram firmes no que sabiam fazer melhor e que se fincaram na posição adotada tiveram um enorme sucesso. A Maytag continuou vendendo eletrodomésticos confiáveis. A Walt Disney continuou oferecendo fantasia e divertimento. A Avon continuou chamando.

Você precisa ter visão

A mudança é uma onda no oceano do tempo. A curto prazo, as ondas causam agitação e confusão. A longo prazo, as correntes subjacentes são muito mais significativas. Para dar conta da mudança, você tem de assumir uma perspectiva de longo alcance. Determinar o seu negócio básico e ater-se a ele.

Mudar a direção de uma grande empresa é como mudar a direção de um avião de passageiros. Ele tem de percorrer uma grande distância antes que qualquer coisa aconteça. E se virar para o lado errado, leva ainda mais tempo para voltar à rota.

Para ter sucesso nesse jogo, você tem de tomar decisões a respeito do que sua empresa vai fazer, não no próximo mês ou no próximo ano, mas em cinco ou dez anos. Em outras palavras, em vez de sair de sua rota para entrar em cada onda que chega, uma empresa tem de mirar na direção certa.

Você precisa ter visão. Não faz sentido construir uma posição com base em uma tecnologia muito restrita. Ou em um produto que está se tornando obsoleto. Ou em um nome inadequado.

Mais que tudo, você tem de ser capaz de ver a diferença entre o que funciona e o que não funciona.

Parece simples, mas não é. Quando a maré sobe, tudo parece funcionar bem. Quando desce, nada parece funcionar.

Você tem de aprender a separar seus esforços do movimento geral da economia. Muitos especialistas em marketing são abençoados com um farto suprimento de sorte. Mas tenha cuidado. O grande gênio de marketing de hoje pode estar na fila do seguro-desemprego amanhã.

Seja paciente. O sol brilhará amanhã para aqueles que tomarem as decisões corretas hoje.

Se uma empresa se posiciona na direção certa, ela consegue navegar nas correntes da mudança e estar pronta para aproveitar as oportunidades certas para ela. Mas, quando uma oportunidade chega, a empresa deve se mexer com rapidez.

Você precisa ter coragem

Quando você acompanha a história do modo como se estabeleceram as posições de liderança, desde a posição da Hershey no setor de chocolates até a da Hertz em aluguel de automóveis, o que há de comum entre elas não é a habilidade de marketing, nem mesmo a inovação do produto. O que há de comum é que elas tomaram a iniciativa antes que seus concorrentes tivessem a chance de se estabelecer. Os líderes geralmente investiram em marketing quando a situação ainda estava indefinida.

A Hershey, por exemplo, estabeleceu uma posição tão forte no mercado de chocolates que não precisou fazer publicidade. Essa convicção era um luxo que as empresas concorrentes, como a Mars, não podiam se dar.

Finalmente, a Hershey decidiu fazer publicidade. Mas era tarde demais. Hoje, a barra de chocolate ao leite da Hershey não é a que mais vende. Ela não está sequer entre as cinco primeiras.

Veja que estabelecer uma posição de liderança depende não apenas da sorte e do tempo certo, mas também da disposição de avançar quando os outros dão um passo atrás e esperam.

Você precisa ter objetividade

Para ter sucesso na era do posicionamento, você precisa ser asperamente franco. Precisa tentar afastar qualquer manifestação do ego do processo de tomada de decisão. Ele só faz turvar a questão.

Um dos requisitos mais críticos do posicionamento é ser capaz de avaliar os produtos com objetividade e ver como eles são encarados pelos clientes e potenciais clientes.

Você também precisa se lembrar de que não consegue jogar basquete sem um placar. Você precisa de alguém que faça suas idéias saltarem. Quando você achar que tem a idéia que resolve o seu problema, nesse momento estará perdendo alguma coisa.

Estará perdendo a objetividade. Você precisa de outra pessoa para ver, de outro ângulo, aquilo que você criou. E vice-versa.

Assim como o pingue-pongue, o posicionamento é um jogo que fica melhor com dois jogadores. Não é por acaso que este livro foi escrito por duas pessoas. As idéias só podem ser refinadas e aperfeiçoadas em uma atmosfera de dar e receber.

Você precisa ter simplicidade

Somente as idéias óbvias funcionam em nossos dias. O volume esmagador de comunicação impede que qualquer outra coisa seja bem-sucedida.

Mas o óbvio nem sempre é tão óbvio. O "chefão" Kettering pendurou um cartaz na parede do prédio de pesquisa da General Motors, em Dayton, que dizia: "Este problema, quando resolvido, será considerado um problema simples".

"Passas da Califórnia. Doce da Natureza."

"Gainesburgers são úmidos e carnudos. A comida enlatada para cachorros que não vem na lata."

"Bubble Yum. Número um em chiclete de bola."[1]

Essas são idéias simples que hoje funcionam. Conceitos simples expressos em palavras simples e utilizados de maneira objetiva.

Freqüentemente, a solução para um problema é tão simples que milhares de pessoas olham para ela e não a vêem. Mas quando uma idéia é inteligente ou complicada, devemos desconfiar. É provável que ela não funcione por não ser bastante simples. A história da ciência é uma história dos Ketterings deste mundo que descobriram soluções simples para problemas complexos.

Uma vez, o dono de uma agência de publicidade insistiu para que seus contatos registrassem a estratégia de marketing no verso de cada layout.

Assim, quando o cliente perguntasse o que o anúncio ia fazer, o contato viraria o layout e leria a estratégia escrita atrás.

Mas um anúncio deve ser simples a ponto de constituir toda a estratégia.

A agência cometeu um erro. Ela enfocou o lado errado do layout.

[1] No original, a frase contém rimas internas: "*Bubble Yum. Number yum in bubble gum.*"

Você precisa ter sutileza

Os iniciantes que entram no jogo do posicionamento costumam observar: "é muito simples. Basta encontrar uma posição que seja só sua".

É simples, sim. Mas não é fácil.

A dificuldade é descobrir uma posição aberta que também seja eficaz. Na política, por exemplo, é fácil estabelecer uma posição na extrema direita (conservadora) ou na extrema esquerda (socialista). Sem dúvida, você pode escolher uma das duas posições. Mas, de qualquer maneira, vai perder.

O que você tem de fazer é descobrir uma abertura que esteja perto do meio do espectro. Tem de ser um pouco conservador entre os liberais e um pouco liberal entre os conservadores.

Isso requer muito controle e sutileza. Os grandes vencedores nos negócios e na vida são aqueles que encontram posições abertas perto do centro do espectro. Não nas extremidades.

Às vezes, você pode ter um posicionamento bem-sucedido e fracassar nas vendas. Isso é o que se pode chamar "raciocínio Rolls-Royce".

"Somos o Rolls-Royce da indústria" é uma afirmação que você freqüentemente escuta no mundo dos negócios, hoje em dia.

Você sabe quantos Rolls-Royces são vendidos por dia nos Estados Unidos?

Aproximadamente mil, o que significa 0,01% do mercado. Um Cadillac, por sua vez, vende mais de 300 mil.

Tanto o Cadillac como o Rolls-Royce são carros de luxo, mas o abismo entre eles é enorme. Para o comprador comum de automóveis, o Rolls-Royce de cem mil dólares ou mais está fora de alcance.

O Cadillac, assim como o Michelob e outros produtos *premium*, não está fora de alcance. O segredo para estabelecer uma posição bem-sucedida é manter duas coisas em equilíbrio: (1) uma posição exclusiva com (2) um apelo que não seja limitado demais.

Você precisa estar disposto a sacrificar-se

A essência do posicionamento é o sacrifício. Você precisa estar disposto a abrir mão de alguma coisa para estabelecer uma posição exclusiva.

Nyquil, o remédio para resfriados do período noturno, abriu mão do mercado de tratamento diurno.

O objetivo da maior parte das operações de marketing é exatamente o oposto. Elas procuram ampliar seus mercados estendendo as linhas de produtos, que fazem proliferar tamanhos e sabores, ou que multiplicam a distribuição. Todas essas coisas tendem a produzir aumento de vendas em curto prazo e erosão do posicionamento em longo prazo.

No posicionamento, o menor pode ser o melhor. Geralmente, é melhor procurar alvos menores que você possa atingir com exclusividade, em vez de um mercado grande que tenha de compartilhar com outras três ou quatro marcas.

Você não pode ser todas as coisas para todas as pessoas e, ao mesmo tempo, ter uma posição forte.

Você precisa ter paciência

Pouquíssimas empresas podem dar-se o luxo de lançar um novo produto em escala nacional.

Em vez disso, elas procuram lugares onde possam tornar a marca bem-sucedida. Depois, dirigem-se a outros mercados.

Um caminho a tomar é o desdobramento geográfico. Você constrói o produto em um mercado e depois vai para outro. Do leste para o oeste. Ou vice-versa.

Outro caminho é o desdobramento demográfico. A Philip Morris fez do Marlboro o cigarro número um nos campi universitários muito antes que ele se tornasse a marca número um em todos os Estados Unidos.

O terceiro caminho é o desdobramento cronológico. Você constrói a marca para uma faixa etária específica e depois a desdobra para outros grupos. "A Geração Pepsi" ajudou a Pepsi-Cola a construir o produto entre os jovens e a colher os benefícios à medida que eles aumentavam.

Outra estratégia de desdobramento é a distribuição. A linha de produtos Wella foi primeiramente vendida nos salões de beleza. Depois que os produtos se estabeleceram, foram vendidos nas drogarias e nos supermercados.

Você precisa ter uma perspectiva global

Não subestime a importância da visão global. Uma empresa que fica de olho em Tom, Dick e Harry vai acabar perdendo Pierre, Hans e Yoshio.

O marketing está rapidamente se transformando em um jogo do tamanho do mundo. Uma empresa que detém uma posição em um país descobre que pode utilizar essa posição para entrar em outro. A IBM detém cerca de 60% do mercado alemão de computadores. Esse fato surpreende? Não deveria surpreender. Mais de 50% dos lucros da IBM vêm de fora dos Estados Unidos.

Quando as empresas começam a operar em âmbito mundial, acabam descobrindo que têm um problema com o nome.

Um exemplo típico disso é a U. S. Rubber[2], empresa multinacional que colocou, no mercado, muitos produtos que não eram feitos de borracha. Quando ela mudou de nome para Uniroyal, criou uma nova identidade corporativa que pôde ser utilizada em todo o mundo.

Do que você não precisa

Você não precisa ter a reputação de gênio do marketing. Na verdade, isso pode até lhe ser fatal.

É muito comum o líder de produtos cometer o erro nefasto de atribuir seu sucesso às habilidades de marketing. Como resultado, ele acha que pode transferir essa habilidade para outros produtos e outras situações de marketing.

Prova disso é o recorde frustrante da Xerox na área de computadores.

E a Meca do conhecimento de marketing, a International Business Machines Corporation, não fez muito melhor que isso. Até o momento, as copiadoras em papel comum da IBM nem chegaram aos pés das vendas da Xerox. *Touché.*

As regras do posicionamento valem para todos os tipos de produto. No setor de produtos embalados, por exemplo, a Bristol-Myers tentou derrubar o creme dental Crest com o Fact (que desapareceu, depois de gastar cinco milhões de dólares com promoção). Então, ela tentou ir atrás da Alka-Seltzer com o Resolve (que também desapareceu, depois de gastar 11 milhões de dólares). Depois disso, ela tentou destronar a Bayer com o Dissolve, outra dor de cabeça financeira.

É difícil entender essa tendência suicida das empresas que atacam frontalmente a concorrência estabelecida.

A esperança é a última que morre no coração humano. Mas nove em cada dez vezes, o "eu também" que ataca de frente o líder do mercado está se dirigindo para o desastre.

Vamos repetir. A primeira regra do posicionamento é a seguinte: para vencer a batalha pela mente do consumidor, você não pode competir dire-

[2] Literalmente, "Borracha dos Estados Unidos".

tamente com uma empresa que tem uma posição forte e bem estabelecida. Você pode dar-lhe a volta, passar por cima ou por baixo dela, mas nunca pôr-se de frente.

O líder está no topo. Ele detém a posição número um na mente do consumidor. Está no degrau mais alto da escada de produtos. Para subir essa escada, você tem de seguir as regras do posicionamento.

Em nossa sociedade que se supercomunica, o nome do jogo hoje é posicionamento.

E, nela, apenas os melhores jogadores sobrevivem.

Índice Remissivo

Projetos corporativos e edições personalizadas dentro da sua estratégia de negócio. Já pensou nisso?

Coordenação de Eventos
Viviane Paiva
viviane@altabooks.com.br

Contato Comercial
vendas.corporativas@altabooks.com.br

A Alta Books tem criado experiências incríveis no meio corporativo. Com a crescente implementação da educação corporativa nas empresas, o livro entra como uma importante fonte de conhecimento. Com atendimento personalizado, conseguimos identificar as principais necessidades, e criar uma seleção de livros que podem ser utilizados de diversas maneiras, como por exemplo, para fortalecer relacionamento com suas equipes/ seus clientes. Você já utilizou o livro para alguma ação estratégica na sua empresa?

Entre em contato com nosso time para entender melhor as possibilidades de personalização e incentivo ao desenvolvimento pessoal e profissional.

PUBLIQUE **SEU LIVRO**

Publique seu livro com a Alta Books. Para mais informações envie um e-mail para: autoria@altabooks.com.br

/altabooks /alta-books /altabooks /altabooks

CONHEÇA OUTROS LIVROS DA **ALTA BOOKS**

Todas as imagens são meramente ilustrativas.

ALTA BOOKS · ALTA LIFE · ALTA NOVEL · ALTA CULT · FARIA E SILVA · EDITORA ALAÚDE · TORDSILHAS · ALTA GEEK